流行とブランド

男子大学生の流行分析とブランド視点

辻 幸恵・田中健一【著】
Tsuji Yukie & Tanaka Kenichi

東京 白桃書房 神田

はじめに

「消費者はどこにむかっているのだうか。流行を求めているのだろうか，商品にサービスに店舗に流行を期待しているのであろうか。」最近，このように原始的かもしれませんが，根本的な問題が気になってしかたがなかったのです。今までは，何か流れのようなものを感じていたのに，最近はそれが不確かな気がしてならないからです。

本書の前半では，男子大学生を対象に流行をキーワードとして，上記の問題を考えてみた。各章に1つずつ調査から得たデータを用いて，分析結果を示しました。そのことによって等身大の男子大学生像を把握できたと思います。後半では，顧客満足の問題とブランド，そしてそれらの評価について述べました。

なお，本書の成立につきましては，武庫川女子大学名誉教授，工学博士の風間健先生のご指導に負うところが大きいと言えます。風間健教授には，武庫川女子大学大学院家政学研究科博士後期課程に編入した1992年4月から今日に至るまで，絶え間なくご指導を賜っており，心から感謝しております。武庫川女子大学生活環境学部の磯井佳子助教授にも日々，お世話になっております。また，マーケティングサイエンス研究会では甲南大学の中田善啓教授，西村順二教授，大阪府立大学石垣智徳教授，中山雅司助教授に触発されております。なぜそうなるのかを徹底的に考えるきっかけになります。ブランド戦略研究会では関西大学の陶山計介教授，大広ブランドの梅本春夫先生に，企業という実践の場からの声にいつも新しい風を感じる機会を頂いております。SPC（社会被服心理学研究会）では，関西大学の高木修教授，滋賀大学の神山進教授，成安女子大学の牛田聡子助教授，大阪人間科学大学の箱井英寿助教授にご指導を賜っております。

とにかく，自分自身が勉強不足であることを実感しているこのごろに，共

著者である若い田中健一氏に，背中をおされながら研究をしている気がします。

　今年の春から大阪府茨木市にある追手門学院大学に移籍しました。経営学部長の地代憲弘教授，見市晃教授，西村幹仁教授，西岡健夫教授をはじめ，諸先生方には良い研究の場を与えていただきました。また，同期として昨春からこられた信夫千佳子助教授，岡崎利美助教授，梅村修助教授には，私のおおざっぱな性格のため，日々ご迷惑をおかけしております。追手門学院大学で，私のはじめてのゼミ生になった竹園信，川畑優也，北村拓也，隅田祐登，杉田哲明，人見彰，鷲塚勝徳，平野正晃の8名にとって，良い出会いであったか否か，これから彼らが卒業するまでに答えを出してくれたらよいと思います。ちなみに共著者の田中健一氏は私が大学の教員になって，はじめてのゼミ生であり，そして，最初に名前を覚えた学生でした。不思議な縁だと思います。また，忙しさの嵐の中で娘の史香と息子の尚朗も10歳と8歳になりました。母の薫のおかげであると感謝しております。

　最後になりましたが，本書の出版にあたり，白桃書房の照井規夫さんには，たいへんお世話になりました。心からお礼を述べたいと思います。

2004年1月

辻　幸　恵

2版発行によせて

　本書が3月に発行されてから，このように早くも2版の機会に恵まれるとは思っておりませんでした。みなさまに感謝の気持ちを捧げたいと思います。

　本書2版の発行にあたり，以下のゼミ学生諸君が校正の協力をしてくれました。

　第1章：平野正晃，第2章：川畑優也，第3章：中原卓美，第4章：丹羽圭介，第5章と第6章：杉田哲明，第7章：森田仁，第8章：竹園信

　夏休みには，ゼミ生と全5回の講演会を企画し，私の生まれ育った神戸で開催されます。また，オープンキャンパスという大学行事にも多くのゼミ生が参加し，大学への協力をいたします。私は，学生と共にいる時間から，お互いがディスカッションをして，何かを発見できればよいと思っております。移籍して2回目の夏を迎える前に，こうして出会った学生たちと共に研究や作業ができる環境を与えて下さいました追手門学院大学の諸先生方に，心から感謝の意を表したいと思います。

2004年7月

辻　幸　恵

目　次

はじめに

第 I 部

第 1 章　序　　論
　　　　　―流行への積極的態度― ───────── 3
　1. 本書の構成と目的……………………………………… 3
　2. 流行を積極的に取り入れる男子大学生の特徴………… 4
　　2.1　調査の目的　4
　　2.2　調査方法　5
　　　(1)　予備調査　5
　　　(2)　本調査　7
　　2.3　分析方法　9
　　　(1)　数量化 II 類　9
　　　(2)　因子分析　9
　　2.4　結果・考察　10
　　　(1)　数量化 II 類からの結果・考察　10
　　　(2)　因子分析の結果・考察　13
　3. まとめと提言…………………………………………… 16

第 2 章　消費者のニーズと期待
　　　　　―流行への期待― ───────────── 19
　1. 消費者ニーズの根源……………………………………… 19
　2. 流行に関心がある男子大学生の流行に対する期待……… 20

2.1　目的　20
　　2.2　調査方法　21
　　　(1)　予備調査　21
　　　(2)　本調査　23
　　2.3　3つのカテゴリー別の因子分析　25
　　　(1)　分析方法　25
　　　(2)　結果・考察　25
　　2.4　全体の因子分析　31
　　2.5　品目間の関係　32
　3.　まとめと提言…………………………………………34

第3章　消費者の選択基準
　　　　　―流行への受け入れ基準― ――――――― 37

　1.　選択基準という心理尺度……………………………37
　2.　流行に関心がある男子大学生の流行を受け入れる基準…………38
　　2.1　調査の目的　38
　　2.2　調査方法　39
　　　(1)　予備調査　39
　　　(2)　本調査　42
　　2.3　3つの項目別の数量化Ⅱ類　44
　　　(1)　分析方法　44
　　　(2)　結果・考察　45
　　2.4　流行を受け入れる者が重視する項目　47
　　　(1)　分析方法　47
　　　(2)　結果・考察　48
　3.　まとめと提言…………………………………………50

第4章　消費者の購入心理
　　　　　―流行への値ごろ感― ――――――――― 53

　1.　不況時の購入心理……………………………………53

2. 流行への関心と購入理由，値ごろ感との関係……………………… 54
　2.1　調査方法　54
　　(1)　予備調査　54
　　(2)　本調査　58
　2.2　分析方法　60
　　(1)　単純集計，平均，検定　60
　　(2)　因子分析　60
　2.3　結果　60
　　(1)　フェイスシートと金額を明示する質問に対する回答結果とその考察　60
　　(2)　因子分析の結果　62
3. 因子分析結果からの考察………………………………………… 68
4. 両グループの特質（考察）……………………………………… 68
5. まとめと提言…………………………………………………… 69

第5章　流行と心理
　　―流行と定番の間でゆれる購入心理― ——————————— 73

1. 流行の定義とライフサイクル…………………………………… 73
　1.1　流行の定義　73
　1.2　流行とプロダクト・ライフサイクル　74
2. 流行と定番のイメージとその商品……………………………… 75
3. 購入心理………………………………………………………… 77
　3.1　購入心理の段階性　77
　3.2　欲求分類と購入心理　79
　3.3　選択基準と購買行動　80
4. 流行を認める心理………………………………………………… 82
5. 流行の創造（企業の戦略）……………………………………… 85
　5.1　心理と広告　85
　5.2　多様化現象　86
6. 流行と定番の中でゆれる心理…………………………………… 87

   7. まとめと提言……………………………………………………… *88*

第Ⅱ部

第6章　顧客満足と消費者行動 ── *93*

  1. 序説……………………………………………………………… *93*
  2. 定義と背景……………………………………………………… *94*
  3. 予備調査………………………………………………………… *97*
  4. 本調査 ………………………………………………………… *100*
    4.1　本調査における事前調査　*101*
    4.2　本調査における予備調査　*102*
      (1)　調査概要と質問内容　*102*
      (2)　結果・考察　*103*
    4.3　本調査　*105*
      (1)　調査概要と質問内容・方法　*105*
      (2)　2つの分析方法の意味　*106*
    4.4　本調査における結果　*107*
      (1)　フェイスシートの単純集計結果　*107*
      (2)　順位法による結果と考察　*107*
      (3)　因子分析の意味するもの　*108*
    4.5　男子大学生の重視する項目と因子分析からの考察　*114*
      (1)　日常品についての購入理由　*114*
      (2)　情報品についての購入理由　*114*
      (3)　ブランド品についての購入理由　*115*
    4.6　顧客アピールモデル　*115*
    4.7　顧客感動要因　*116*
  5. 考察 …………………………………………………………… *117*

第7章　ブランド ── *121*

  1. 序説 …………………………………………………………… *121*

2. ブランドの優位性 ………………………………………… *122*
　　　　2.1　プロダクト・ライフサイクル　*123*
　　3. ブランドの源泉 …………………………………………… *126*
　　　　3.1　ブランドロイヤリティ　*126*
　　4. ブランドエクイティ ……………………………………… *129*
　　　　4.1　ブランドエクイティにおけるブランドロイヤリティ　*130*
　　　　4.2　ブランド認知　*131*
　　　　4.3　知覚品質　*132*
　　　　4.4　ブランド連想　*133*
　　5. ブランドマネジメント …………………………………… *134*
　　　　5.1　ネーミング　*135*
　　　　5.2　ブランドの組み合わせとブランド階層　*136*
　　　　5.3　ブランド管理　*138*
　　6. ブランドという言葉に対する調査 ……………………… *139*
　　　　6.1　調査目的　*139*
　　　　6.2　調査方法　*140*
　　　　　　(1)　予備調査　*140*
　　　　　　(2)　本調査　*140*
　　　　6.3　分析手法　*141*
　　　　6.4　調査結果　*141*
　　　　　　(1)　予備調査の結果　*141*
　　　　　　(2)　本調査の結果　*141*
　　　　6.5　結果からの考察　*142*

第8章　ブランド評価 ———————————————— *145*

　　1. 序説 ………………………………………………………… *145*
　　2. 日本における処理方法について ………………………… *146*
　　3. アメリカにおける処理方法について …………………… *149*
　　　　3.1　ARB24およびAEB43におけるのれんの会計処理　*149*
　　　　3.2　APB17におけるのれんの会計処理　*151*

  3.3　SFAS142におけるのれんの会計処理　*152*
 4.　ブランド価値評価 …………………………………………… *157*

参考文献　*165*
あとがき　*177*
索引　*181*

第 I 部

第1章
序　　論
―流行への積極的態度―

1. 本書の構成と目的

　本書は2部形式である。第Ⅰ部は第1章から第5章までで，調査にもとづく実証研究を中心に展開する。この前半部分で，現代の男子大学生を中心とする若者がどのような流行感，すなわち流行に対する感性を有するのかを理解していただきたい。では，なぜ男子大学生かという問いには，筆者としては2つの回答がある。1つは，従来の研究において，女子大学生を中心に比較的年齢の若い女性に対する研究を続けてきた。その結果，同年代の男子からの影響は少なくないことがわかった。たとえば，クリスマスギフトにしても，女子大学生は，一般的にもらうギフトと恋人からもらうギフトの基準を明確に分けている[1]。また，ブランドの鞄に対する女性就労者の選択基準の中には「彼が気に入る」という項目がある[2]。そこで今回は女性に影響を与えてきた男性に着目をしてみた。もうひとつは，男子大学生を中心とした男性の流行を把握したかったからである。女性の流行は目につきやすい。たとえば，今ならば女子高校生では「紺ソク」が流行している[3]。しかし，それに対して男子はどうかというと，なかなか思い浮かばない。最近の男子大学生はファッショナブルで，おしゃれである。しかし，女子と比較するとその特徴がわかりにくいところもある。そこで，本研究では男子大学生が思う流行は何か，どのように取り入れられているのか，また，何を流行に期待しているのかに着目をした。すなわち，男子の流行に対する考え方や期待から，消費者の満足（顧客満足）やブランド観，あるいは商品への期待などを本研

究では明らかにしていこうと思う。女子のように「かわいいから」という感性に訴える部分以外に，何か理由づけができるのではないかと期待したからである。もともと流行に関する考え方としては，一般的には広辞苑などに「①流れゆくこと。②急に或る現象が世間一般にゆきわたること。特に，衣服・化粧・思想などの様式が一時的にひろく行われること。はやり。③（芭蕉の用語）不易流行（ふえきりゅうこう）参照。」とある。また，神山が「ある一定の時期に，社会のかなりの多くの人々が，目新しいと考えて模倣（コピー）している考え方，表現の仕方・振舞い方のことを流行と呼ぶ」と説明している[4]。

　よって，本書の前半部分の目的は，流行を通じて，顧客の期待について，特に若い年代（ここでは男子大学生）の期待は何かを明らかにして，次なる商品への提言をすることである。

　第Ⅱ部の第6章以降の部分は，田中健一が担当している。第6章では前半の各章の期待や満足を受けて，顧客満足について述べられている。第7章では男子大学生の流行のキーワードとして登場するブランドについての知見がある。第8章は，第7章のブランドから，数値化された価値について，無形資産をはじめとする企業にとっての価値についてまとめられている。よって，本書の後半部分の目的は，ブランドを通じて，その価値を論じている現状をふまえ，次代のブランド展開への糸口を示すことである。

2. 流行を積極的に取り入れる男子大学生の特徴

2.1 調査の目的

　筆者の研究の中で，男子大学生を対象として，流行を切り口にした研究の最初は，男子大学生が流行をどの程度，認識するか否かであった。その成果の一部は前作に掲載した[5]。研究の目的は調査対象である男子大学生が，流行しているものをどの程度知っているのかを調査し，それらに対する態度を明らかにすることである。態度とは，本研究では流行に関して積極的であるのか，あるいは消極的であるのかという2つの分類をした。そしてここでは特に積極的な者の特徴を明らかにした。また，本研究では「流行」の範囲を

ファッションと雑貨とした。この範囲に関しては予備調査の結果，男子大学生が「流行」として挙げたものがファッションと雑貨の範囲に多かったからである。雑貨はさらに現在ではアンティークやその先の骨董という範囲に広がりを見せている。また，家具，インテリアにも広がりを見せており，単なる小物というイメージではない。

　大学生を調査対象とした理由は，中学生および高校生よりも時間的な余裕と金銭的な余裕があるのではないかと考えたからである。また，移動手段も公共の交通機関のみならず，車やオートバイなども利用でき，移動範囲（行動範囲）も広い可能性があると考えた。また，情報源に関しても携帯電話，インターネットをはじめ，アルバイト先の口コミなど，中学生および高校生よりも豊富であると考えたためである。

2.2　調査方法
(1) 予備調査

　調査地域は関西圏である。主に兵庫県，大阪府，京都府を調査地域とした。調査対象は前述に在住している男子大学生である。調査期間は1999年10月下旬から11月上旬である。人数は171人である。調査方法は8割以上の者に対して，集合調査法を用いて回答を得た。具体的には授業内に質問票を配布して，その調査内容を説明し，その場で回答済質問票を回収した。なお，遠方から通学する学生のみ，郵送法と電話調査法を用いた。予備調査では，品目別（洋服，鞄，帽子等）に「流行」として思いつくものをすべて答えさせた。たとえば表1-1の上から3行目のベルトは品目で，トラサルディ，ポロはその回答例である。このようなベルトなどの品目は全部で33とした。この予備調査の結果，回答の多かったものは表1-2のとおりである。

　予備調査の結果から，本研究では流行を主に80％以上の回答率が得られた洋服，帽子，バッグ，靴，髪型，歌手，音楽，雑誌，飲食料品，携帯電話，化粧，メイクの範囲とする。

　これらの回答に次の3種類のカテゴリーが見られた。第1は洋服に関する回答にカンサイマン，ミスタージュンコ，クリス・エバート，帽子に関する回答にGAP，バッグにはジャンポール・ゴルティエのように，「ブランド」

表1-1 調査表

(質問) 次の品目について, 連想するブランド, 品物等をなるべく多く記入して下さい

1999年10月下旬から11月上旬の調査例

品目	回答例
洋服	カンサイマン, ミスタージュンコ, クリスエバート
帽子	GAP
ベルト	トラサルディ, ポロ
バッグ	ジャンポール・ゴルティエ
靴	ナイキ
音楽, 歌手	宇多田ヒカル, 浜崎あゆみ, 小柳ゆき, グローブ, モーニング娘
化粧, メイク	ヤマンバ, ガンクロ
自動車	デミオ, ワゴンR, サニー, マーチ, パジェロ, ベンツ, BMW, ジャガー
飲食料品	桃の天然水, ラ王, 日清とんがらしめん, 永谷園のお茶漬け
雑誌	カジカジ, スマート, メンズノンノ, スプリング
·	· 他 合計33品目

2003年7月上旬の調査例

品目	回答例
洋服	23区, コムサデモード, バーバリー, D&G, ロキ, リーコン
帽子	GAP, ユニクロ
ベルト	ユナイテッドアローズ, サファリ
バッグ	ジャンポール・ゴルティエ
靴	ナイキ, VISVIM, ブーマジャパン, ドクターマーチン
音楽, 歌手	ゾーン, 中島みか, ポルノグラフティ, ケミストリー, 平井堅, ゆず
化粧, メイク	紺ソク, 重ね着
自動車	パジェロ, ベンツ, BMW, ライフ
飲食料品	アミノ式, 山頭火, カルピス, 紅烏龍, 琉球号, 桜茶, おにぎりや
雑誌	メンズノンノ, カジカジ, スマート, スプリング, ヤングジャンプ
·	· 他 合計33品目

表1-2 回答率の高かった品目

90%以上の回答率	洋服, 帽子, バッグ, 靴, 髪型 (小計5)
80%以上の回答率	上記以外に歌手, 音楽, 雑誌, 飲食料品, 携帯電話, 化粧, メイク (小計7)
60%以上の回答率	上記以外に自動車, ゲーム, スポーツ, コミック, 広告, 旅行先, グルメ, ホテル, プレイスポット, インテリア (小計10)
30%以上の回答率	上記以外にスニーカー, 書籍, コミック, 観光先 (小計4)
30%未満の回答率	靴下, 花, 植物, 都市, ペット, 建物, おもちゃ (小計7)

名が挙がった。ここで「ブランド」をひとつのキーワードと見なした。ブランドはよく聞く言葉のひとつである。イメージ的にはファッションに結びつく言葉ではあるが、ブランドはファッションに関するもののみではない。第2に飲食料品に関する回答に、桃の天然水というジュース類、ラ王や日清とんがらしめんというインスタント食品、お茶漬けなど男子大学生が日常的に食しそうなものが挙げられた。これらは「日常生活」の中に密着していると考えられる。そこで「日常生活」をキーワードとした。第3に雑誌に関する項目でカジカジ、スマート、メンズノンノ、スプリング、GO！GO！ギター等が挙げられた。これはファッションや音楽に関する情報収集の源として考えられる。また携帯電話はコミュニケーションのツールであり、情報源でもある。そこで「情報収集」がキーワードとして考えられる。

　よって、カテゴリー内での検討から、3つのキーワードは「ブランド」、「日常生活」、「情報収集」とした。なお、この3つのキーワードに関するそれぞれの項目（洋服、飲食料品、音楽等）の全体に占める割合は、ブランドに関する項目39.2%、日常生活に関する項目が25.9%、情報収集に関する項目が34.9%となった。

　ここで、まったく同じ質問票を2003年の7月上旬に実施してみた。その結果も上記の結果と同様な傾向であった。ただし、歌手名やブランド名、飲料水などのところには、かなり異なった回答が得られたので、表1-1に結果を対比させた。

(2) 本調査

　調査地域は近畿圏である。主に兵庫県、大阪府、京都府を調査地域とした。調査対象は前述に在住している男子大学生500人である。調査の回収率は93.4%で467人となった。回収率が高いのは、集団調査法として授業内に質問票を配布し、その授業内で回収をしたためである。調査期間は2000年5月下旬から6月上旬である。

　男子大学生がどの程度、流行を知っているのかそれらに対する態度はどうなのかということから、流行に対して積極的な男子大学生の特徴を明確にする目的でおこなった。具体的な質問内容は表1-3に示した。たとえばブランドに関する項目内であれば、「知らないブランドでも一度は購入したいと

表1-3　本調査の質問内容

ブランドに関する項目

内容	①知らないブランドでも一度は購入したいと思っている，②好きなブランドと嫌いなブランドとが明確である，③新しいブランドに興味がある，④ブランドと無印ならばブランドの方を購入する，⑤ブランドに自分は詳しいと思う，⑥ブランド品を人よりもたくさん持っていると思う，⑦他人へのギフトはブランド品の方がよい，⑧ブランド品なら高い値段でもよい，⑨ブランド品は高級なイメージがある，⑩ブランド品は持っていると自慢になる，⑪ブランド品をもらうと無印品よりも嬉しい

日常生活に関する項目

内容	①アルバイトを週に15時間以上する，②親しいボーイフレンド（あるいはガールフレンド）がいる，③こづかいとして月に3万円以上が自由に使える，④通学時間が40分以上である，⑤夜間の外出は週に2日以上である，⑥通学には公共の交通機関（バス，電車等）を使用している，⑦下宿で生活をしている，⑧食料品は自分で購入する，⑨買い物は好きである，⑩生活費の中で食費の占める割合が一番多い，⑪移動は公共機関（バス，電車）を利用する

情報収集に関する項目

内容	①テレビを一日に2時間以上見る，②雑誌を見ることが好きである，③深夜の音楽番組は必ず見る，④インターネットをよく利用する，⑤自宅にパソコンがある，⑥CDハウスの会員である，⑦広告を見るのが好きである，⑧友人と話す時間が一日2時間以上である，⑨携帯電話を使うのが好きである，⑩広告は気になる方だ，⑪iモード，e-メールができる

思っている」，「好きなブランドと嫌いなブランドとが明確である」，「新しいブランドに興味がある」などである。「知らないブランドでも一度は購入したい」と思うことは，ブランドに対しても流行に対しても，積極的な態度のひとつであると考える。また，「好きなブランドと嫌いなブランドとが明確である」ということは日常的にブランドに接していると考えられる。「新しいブランドに興味がある」ということは，新しいものを受け止める積極さ，すなわち情報収集にも流行にも積極的であるといえる。

具体的には，3つのキーワードに関する項目に対して，それぞれの質問に回答をさせた。この場合，5点評価法を用いた。1：まったく思わない，2：ややそう思わない，3：どちらでもない，4：ややそう思う，5：たいへん思うの5つの評価に対して，各番号で調査対象者に回答させた。すなわち，これらの尺度を用いて，該当する番号に○をつけさせた。また，ファッション環境学会で発表したが（2000年6月24日），その結果と比較するため

に，ここでは主因子法による因子分析を用いた．

2.3 分析方法
(1) 数量化Ⅱ類
　質問票で得た5段階の数値（1～5）をデータとした．ただし，3：どちらでもないという回答の数値は省いた．そして，流行に対して積極的か消極的かを知るために，数量化Ⅱ類を用いた．この数量化Ⅱ類は「質的な形で与えられた外的基準を量的な要因にもとづいて予測あるいは判別する方法である」[6]．ここでは，最初に全体として1度，数量化Ⅱ類を用いて，調査対象者を流行に積極的か消極的かに分類した．その次にブランドに関する項目，日常生活に関する項目および情報収集に関する項目別に3回の数量化Ⅱ類をおこなった．本研究での説明変数は表1-3に示した各項目内の質問である．たとえば，ブランドに関する項目ならば，「①知らないブランドでも一度は購入したいと思っている」が基準であり，その回答の「はい」，「いいえ」がカテゴリーとなる．同様に3つのキーワードの①～⑪までの各項目の各質問が説明変数となる．目的変数（外的基準）は「流行に積極的か消極的か」である．この数量化Ⅱ類を用いることによって，流行に積極的な男子大学生と流行に消極的な男子大学生を分類することができる．

(2) 因子分析
　ここでは(1)で求めた流行に積極的な者のみで先行研究と同じ因子分析をおこない，得られた結果と先行研究の因子分析結果を比較する．
　先行研究では場面（デート，コンパなど）による流行の評価の違いと男女の評価の違いを求めたものである．これは流行に積極的な者が，どの程度場面に関して判断をしているのかを全体と比較するためである．先行研究で用いた場面とは以下の6つである．大学（授業），大学（クラブ・サークル），普段のデート，コンパ，記念日（クリスマス，誕生日など）デート，旅行である．すなわち，各場面と流行しているもの[7]を組み合わせ，それらをどの場面でどの程度認めることができるのかを調べ，その要因を解明するために，主因子法による因子分析を用いた[8]．「主因子法とは一言で言えば，多変量の間に共通にみられる変動のうち，第1因子から順次，因子寄与を最大とす

るように因子を定める方法である」[9]。「因子負荷は，直交解の場合，その因子と各変量との間の相関（因子構造）をあらわすものであるから，第1因子の寄与が最大となるようにするということは，各変量との相関の平方和が最大になるように因子を定めることを意味する」。因子の構造については，いくら質問項目をたくさんにしても，明快な構造にはならない場合がある。そのような時には，その質問項目自体の独立性も考慮しなければならない。

場面とは前述したように，大学生が日常的に遭遇する状況である。それらの状況についての設定は先行研究の6場面のうち，大学内授業，大学内クラブ・サークル，コンパ，デート，記念日の5場面を用いた。本章では旅行を省いた。なぜならば，旅行は目的によって，そのファッションがおおいに異なる可能性があることと，誰と同行するのかによっても，そのファッションと行動が異なるからである。なお，大学生の生活において，記念日というのは，特別な日という意味ではない。雑誌のタイトルにもよくあるが，「自分へのご褒美」という感覚で，少しでも良いことがあればそれが記念日になるという程度である。よって，従来の誕生日やクリスマスのように必ずしも世間とリンクしたイベント的な要素は多くはない。マイ記念日とも言えよう。

2.4　結果・考察
(1)　数量化Ⅱ類からの結果・考察

本研究では分析手法として，数量化Ⅱ類を用いた。数量化法は量的なデータのみではなく，本研究での質問票のように質的データを尺度化したものも扱えるところに利点がある。この結果，208人が流行に積極的であった。この分析では判別的中率が81.2で相関比が0.692であった。判別的中率は数量化Ⅱ類の精度をみる尺度である[10]。数量化Ⅱ類では判別的中率が75％以上のものが好ましいとされている[11]。よって，判別的中率が81.2の分析は精度が高いと言えよう。次にキーワード別に，流行に積極的な男子大学生の特徴を知る分析結果を表1-4に示した。各キーワード別においても，いずれも判別的中率が75％以上となった。よって，これらの分析の精度も信頼に値する精度と言える。

さて，キーワードごとに結果をみていくと，流行に積極的な者の特徴は以

表1-4　各項目別数量化Ⅱ類の結果

項目	ブランド	日常生活	情報収集
判別的中率	82.1%	80.9%	78.5%
相関比	0.701	0.667	0.639

下のとおりになった。以下に示した質問項目はその項目内の11質問項目内で，レンジが大きいものである。レンジは各質問項目の後に（　）内に示した。（　）内のレンジの数値が大きいほど，影響が大きいのである。本研究では目安として，レンジが0.50以上の質問項目を挙げた。なお，表1-5には全質問を示している。

　ブランドに関する項目：知らないブランドでも一度は購入したい（0.85），好きなブランドと嫌いなブランドがはっきりしている（0.76），新しいブランドに興味がある（0.62）。ここから考察できることは，知らない新ブランドでも一度は購入したい，新しいブランドに興味があるという項目が挙げられたことから，ブランド自体に関心があることがうかがえる。また，新しいブランドにも興味がある者といえる。好きなブランドと嫌いなブランドがはっきりしていることから，ブランドについての知識が自分なりに蓄積されており，各ブランドの特徴も知っていると考えられる。そして，多くのブランドの中から，自分の好みのブランドを選ぶ者であると考えられる。

　日常生活に関する項目：自由に使える小遣いが月3万円以上である（0.76），アルバイトを週に15時間以上している（0.65），買い物が好きである（0.63），夜間の外出が週2日以上である（0.54）。ここから，考察できることは，自由に使える小遣いが月3万円以上であり，収入源のアルバイトを15時間以上していることから，お金に余裕があることが考えられる。また，買い物が好きで，夜間の外出が週2日以上であることから，買い物を楽しんだり，遊びに行くお金があることも推定ができる。ここでのポイントはお金がある者といえよう。

　情報収集に関する項目：雑誌を見ることが好きである（0.84），自宅にパソコンがある（0.80），ｉモード，ｅメールができる（0.66），インターネットをよく利用する（0.52）。ここから，考察できることは，雑誌を見ることやパソコンに関することが多いことから，自分から行動をして情報を得よう

表1-5　各回答のレンジ（数量化Ⅱ類結果）

ブランドに関する項目	レンジ
①知らないブランドでも一度は購入したいと思っている	0.85
②好きなブランドと嫌いなブランドとが明確である	0.76
③新しいブランドに興味がある	0.62
④ブランドと無印ならばブランドの方を購入する	0.49
⑤ブランドに自分は詳しいと思う	0.32
⑥ブランド品を人よりもたくさん持っていると思う	0.30
⑦他人へのギフトはブランド品の方がよい	0.22
⑧ブランド品なら高い値段でもよい	0.20
⑨ブランド品は高級なイメージがある	0.17
⑩ブランド品は持っていると自慢になる	0.09
⑪ブランド品をもらうと無印品よりも嬉しい	0.02

日常生活に関する項目	レンジ
①アルバイトを週に15時間以上する	0.65
②親しいボーイフレンド（ガールフレンド）がいる	0.42
③こづかいとして月に3万円以上が自由に使える	0.76
④通学時間が40分以上である	0.05
⑤夜間の外出は週に2日以上である	0.54
⑥通学には公共の交通機関（バス，電車等）を使用している	0.03
⑦下宿で生活をしている	0.17
⑧食料品は自分で購入する	0.26
⑨買い物は好きである	0.33
⑩生活費の中で食費の占める割合が一番多い	0.08
⑪移動は公共機関（バス，電車）を利用する	0.03

情報収集に関する項目	レンジ
①テレビを一日に2時間以上見る	0.02
②雑誌を見ることが好きである	0.84
③深夜の音楽番組は必ず見る	0.43
④インターネットをよく利用する	0.52
⑤自宅にパソコンがある	0.80
⑥CDハウスの会員である	0.13
⑦広告を見るのが好きである	0.24
⑧友人と話す時間が一日2時間以上である	0.09
⑨携帯電話を使うのが好きである	0.37
⑩広告は気になる方だ	0.18
⑪iモード，eメールができる	0.66

とする能動的なところがうかがえる。すなわちiモード，eメール，インターネットを利用することから自分から常に新しい情報を求めていると考えられる。そこで，情報探求型であると考えられる。よって，情報に関心の深い者ということになる。

(2) 因子分析の結果・考察

次に，全体と流行に積極的な者とを比較する。上記(1)の数量化Ⅱ類で求めた流行に積極的である者のみ（208人）に因子分析をおこない，その結果と全体の因子分析の結果を比較した。全体とは，ファッション環境学会で発表した分のデータ（ただし，旅行の場面は省いている）と今回のすべての男子大学生が回答したデータの合算したデータである（前報502＋今回467＝969人）。具体的には5場面ごとに流行をしている10項目を組み合わせ，それらをどの程度その場面で受け入れることが，男子大学生にできるのか，そしてその要因は何なのかを知るために因子分析を用いた。その分析結果を表1-6に示した。すなわち，各因子別に因子得点の絶対値の大きな場面と項目とを表1-7に示し，各因子の解釈も加えた。なお，表1-6の正負（＋－）は，この場合，正（＋）が肯定的な意味を持ち，負（－）が否定的な意味を持つ。

具体的に表1-6を見ると，全体の第1因子の＋には，デートという場面でのビーズアクセサリー（0.80），デートでのピンク色（0.78），コンパでのピンク色（0.72）が得られた。これはこれらの場面には肯定的にビーズアクセサリーやピンク色が認められていることを示す。一方，第1因子の－には授業という場面でのガンクロ（0.92），授業でのミュール（0.88），コンパでのガンクロ（0.78）が得られた。これはこれらの場面には否定的にガンクロやミュールがとらえられていることを示す。第1因子から考えられることはピンク色という色はデートやコンパにあっている。一方，授業ではガンクロやミュールの派手さがそぐわないことを示している。そして授業では，これらを否定している。すなわち，第1因子から考えられることは，ピンク色という色のかわいらしさや華やかさはデートやコンパに合っており，心のどこかで男子大学生はそういうかわいらしさや華やかさを希望していると考えられる。一方，ガンクロ，ミュールを特に授業という場面では否定している。これらの派手さは授業にはそぐわない，いわゆる場違いである。また，コン

表1-6　因子得点の大きな項目（絶対値が0.70以上）

	全体　場面と項目	因子得点	積極的な者のみ　場面と項目	因子得点
第1因子	デート・ビーズアクセサリー	0.80	デート・ピンク色	0.84
	デート・ピンク色	0.78	コンパ・ピンク色	0.80
	コンパ・スキンジュエリー	0.72	授業・ピンク色	0.74
	授業・ガンクロ	−0.92	デート・ガンクロ	−0.80
	授業・ミュール	−0.88	コンパ・ガンクロ	−0.78
	デート・ガンクロ	−0.78	クラブ/サークル・ガンクロ	−0.70
解釈	その場にいかに合っているのかを示すTPOの因子		ピンク色の肯定とガンクロの否定を示すかわいらしさの因子	
第2因子	記念日・スキンジュエリー	0.85	記念日・蛇革	0.88
	コンパ・蛇革	0.82	記念日・スキンジュエリー	0.84
	記念日・ビーズアクセサリー	0.75	記念日・ビーズアクセサリー	0.76
	記念日・ハイソックス	0.82	授業・蛇革	−0.85
	コンパ・カーディガン	−0.78	クラブ・サークル・蛇革	−0.74
	記念日・ハイソックス	−0.75	デート・スキンジュエリー	−0.70
解釈	遊び心が優先される場においてのセンスの因子		特別な場面と普段との差をつける日常・非日常の因子	
第3因子	授業・ハイソックス	0.90	デート・ハイソックス	0.78
	デート・ハイソックス	0.74	授業・ハイソックス	0.72
	デート・厚底ブーツ	−0.84	授業・厚底ブーツ	−0.74
	デート・ミュール	−0.72	デート・厚底ブーツ	−0.70
	授業・厚底ブーツ	−0.70		
解釈	動きやすいかどうかという機能性の因子		動きやすいかどうかという機能性の因子	

表1-7　主因子法による因子分析結果

	因子	寄与率	解釈
全体	第1因子	31.4%	TPOをふまえる因子
	第2因子	20.2%	センスの因子
	第3因子	10.1%	機能性の因子
	累積寄与率　解釈	61.7%	
積極的な者	第1因子	36.2%	色の好悪の因子
	第2因子	24.5%	日常と非日常の因子
	第3因子	13.3%	機能性の因子
	累積寄与率	74.0%	

パでのガンクロにも否定的である。よって全体の第1因子はTPOをふまえる因子である。積極的な者のみの第1因子の＋には，デート（0.84），コンパ（0.80），授業（0.74）でのいずれの場面でもピンク色が指示されている。一方，デート（0.80），コンパ（0.78），クラブ・サークル（0.70）でのいずれの場面でもガンクロが否定的である。ピンクという流行色が代表するかわいらしさと黒いという色が代表するかわいらしくないものとの対比となり，ここでは色が象徴するかわいらしさを表現する因子となった。

　全体の第2因子の＋には記念日という場面でのスキンジュエリー（0.85），コンパでの蛇革（0.82），記念日でのビーズアクセサリー（0.75）が得られた。一方，－には記念日でのハイソックス（0.82），コンパでのカーディガン（0.78），記念日でのハイソックス（0.75）が得られた。ここでは記念日という特別な日にふさわしい目立つものが認められたことになるであろう。一方，記念日やコンパでのハイソックスが否定的であることには，そのような場面での普通さや地味さを嫌う結果であろう。よって，遊び心が優先される場においてのセンスの因子であると考える。積極的な者のみの第2因子の＋には，記念日の蛇革（0.88），スキンジュエリー（0.84），ビーズアクセサリー（0.76）で記念日という場面の中での項目が得られた。一方，授業（0.85）やクラブ・サークル（0.74）での蛇革，デートでのスキンジュエリー（0.70）は否定的であるのは，特別である非日常，晴れの世界と大学内という日常的，普段の世界との差である。これを日常と非日常の因子と考える。

　全体の第3因子の＋には授業という場面でのハイソックス（0.90），デートでのハイソックス（0.74）が得られた。一方，－にはデートでの厚底ブーツ（0.84），デートでのミュール（0.72），授業での厚底ブーツ（0.70）が得られた。これは授業では機能性にとんだハイソックスで学生らしさを，デートでのミュールや厚底ブーツは動きにくさを示している。よって，第3因子は機動性の因子であると考えられる。積極的な者のみの第1因子の＋には，デート（0.78），授業（0.72）のハイソックスが得られた。一方，－には授業（0.74），デート（0.70）の厚底ブーツが得られた。これは，全体と同様に機能性の因子であると考えられる。

　表1-7に示したとおり，流行に積極的である者は第1因子の寄与率が36.

2%，第2因子24.5%，第3因子13.3%となり，第3因子までで累積寄与率は74.0%となった。そこでここでは第3因子までで考察をおこなう。なお，第4因子以降は寄与率が5.0%以下で，比較的に小さい数値となるからである。

また，全体よりも積極的である者のみの方が第1因子の寄与率も高く，第3因子までの累積寄与率も高かった。たとえば，全体の第1因子はTPOをふまえる因子であった。積極的な者の第1因子は色の好悪の因子であった。しかし，因子得点の大きな項目の中（表1-6）において，正（+）ではいずれもデート・ピンク色が全体（0.78），積極的な者のみ（0.84）となっている。また，負（-）ではいずれもデート・ガンクロが全体（0.78），積極的な者のみ（0.80）となっている。この第1因子を構成する大きな項目の内容がいずれも含まれることから，第1因子がまったく異なったものではないと考えられる。よって，これは流行に積極的である者の方が，その中での意見，考えが同じである，すなわち考えがまとまっていることの現われであると考えられる。第1因子のみではなく，第2因子の記念日・スキンジュエリー，記念日・ビーズアクセサリーの肯定も第1因子同様，構成項目が重なっているが，その中でも積極的な者の方が，意見・考えがよりまとまっている，意見などが揃っていると考えられる。なお，第3因子は全体も積極的な者もいずれも，動きやすいかどうかという機能性の因子であった。

3. まとめと提言

上記の分析結果をまとめると大きく以下の2つのことが言えよう。
 (1) 男子大学生のうち，流行に積極的な者は以下のような特徴を持っている。新しいブランドに興味があり，自分の好みでブランドを選ぶ者である。また，お金がある者，情報に関心の深い者である。
 (2) 流行に積極的な者と全体の男子大学生とを比較すると，場面ごとの流行項目との関係から，それぞれ以下の3つの因子が得られた。
　全体では第1因子：TPOをふまえる因子，第2因子：センスの因子，第3因子：機能性の因子

積極的な者では第1因子：色の好悪の因子，第2因子：日常と非日常の因子，第3因子：機能性の因子

　ここでの発見は，流行に対して，積極的な男子大学生が多かったということである。また，以外にも場面，状況判断によって，TPOをわきまえていたということである。流行をどのようにとらえているのかが，今後の課題のひとつにはなるが，流行に対して念頭において，積極的であるということは，従来言われてきた若者の流行離れとは異なった結果となった。すなわち，流行に興味がない若者は少ないということである。企業はその分析結果から，ひとつは流行を仕掛けていくターゲットとして若者があげられるであろうし，女子のみではなく，男子もその範疇に入ってくるのである。女子の流行のうつろいやすさに比べて，男子の流行の持続性も今後の課題のひとつにはなるが，ここでは男子大学生という新しい流行を広げるターゲットが明確になったのである。流行に積極的な男子大学生がTPOを踏まえるということにも，新しいシーンへの提供ができる。企業として新しいTPOにそくした場面を設定して，そこに流行をもってくれば男子大学生には興味の対象となるのである。また，男子大学生らしく，機能性の因子も問題になる。女子大学生のように単に形状が「かわいい」ではなく，そこには機能も必要なのである。

【注】
1）辻幸恵『流行と日本人―若者の購買行動とファッション・マーケティング―』白桃書房，2001年，107-125頁。
2）井手幸恵『ブランドと日本人―被服におけるマーケティングと消費者行動―』白桃書房，1998年，131-145頁。
3）紺ソクとは，紺色を主流とするハイソックスのことである。今は白色が主流であったルーズソックスから，比較的に，足にフィットするタイプのハイソックスが流行している。これも制服と共に着用するので，紺色のほかには，黒やグレーの色が売れ筋である。
4）神山進『衣服と装身の心理学』関西衣生活研究会，1990年，29頁。
5）辻幸恵『流行と日本人―若者の購買行動とファッション・マーケティング―』白桃書房，2001年，107-125頁。
6）田中豊・脇本和晶『多変量統計解析法』現代数学社，1990年，151頁。
7）流行しているものとは以下の10項目であった。

ガンクロ（顔黒），茶髪，蛇革，スキンジュエリー，ビーズアクセサリー，カーディガン，ハイソックス，ミュール，厚底ブーツ，ピンク色（回答の多い順）。

8）因子分析については，第9回ファッション環境学会（2000年6月24日：大阪経済大学会場）において研究発表をおこなった時の結果を用いる。場面は，大学（授業），大学（クラブ・サークル），普通のデート，コンパ，記念日（クリスマス，誕生日を含む）のデート，旅行の6場面。流行に関しては男子大学生に，「女子大学生の流行」として，知っているものの上位10項目を用いた。10項目は注1に記した。6場面と10項目とを組み合わせてそれぞれ，どの場面ではその流行を認めることができるのか，あるいは認めることができないのかを質問した。この回答としては，5段階評点法で回答させた。尺度の意味は1がまったく容認できない（好ましくない），2がやや容認できない（やや好ましくない），3がどちらでもない，4がやや容認できる（やや好ましい），5がたいへん容認できる（たいへん好ましい）とした。これらの尺度を用いて，該当する番号に○をつけさせた。
9）芝祐順『因子分析法』東京大学出版会，1979年，16-24頁。
10）（株）社会情報サービス編『統計解析シリーズ第Ⅱ部基本編』（株）社会情報サービス，1992年，334頁。
11）官民郎『多変量解析』（株）社会情報サービス，1991年，7-10頁。

第2章
消費者のニーズと期待
―流行への期待―

1. 消費者ニーズの根源

　消費者ニーズとは何であるのかということがわからなければ，企業は何を開発してよいかわからないであろう。一般的なイメージとしては，消費者の求めるもの，消費者がほしがるものということであろう。消費者の行動や心理は，それらを専門とする分野での研究がすすんでいる。たとえば，馬場は次のように述べている。「消費者行動を理解するためには，人間の深層にまで入らなければならないということを主張し，モチベーション・リサーチ (Motivation Research, M. R.) といわれる手続き（中略）を考案したディヒター (Dichter, E.) は，明らかにフロイトの精神分析の影響を受けている。ディヒターによれば，物には「こころ」があるという。消費者は，それぞれの製品に自分を投影して，たとえば車を買うということは，実際には自分自身のパーソナリティの延長した部分を買うのであると彼は述べている」とある[1]。つまり，消費者の「こころ」とつながる物が購買対象となるということである。もちろん，これは一例にすぎないので，この説に反対意見もあるであろう。しかし，馬場が考えているような物に対する気持ちは，消費者のある側面をとらえていることも事実である。

　さて，ニーズという言葉には必要性というイメージもある。消費者の欲求というイメージもある。それらをふまえたうえで，ここでは，ニーズとはよく似た意味での「期待」について考察する。企業は何をもってニーズを測定しようとしているのであろうか。また，何をもって期待を察知しているので

あろうか。

第2章では，消費者の期待について，流行を例としながら，分析をすすめていく。具体的には，男子大学生が流行に対して，どのような期待をしているのかを第1章の各キーワード別に考えてみるのである。なお，キーワードという言葉はあるポイントを示しているようなので，第2章からはカテゴリーとあらためる。もちろんこの3つのキーワードを見つけた第1章の時点では，キーワードのほうがふさわしい。しかしここからはキーワードというよりもその中身の検討をすることになるのであまりふさわしいとは言えない。本の中で同じ意味を示す言葉が異なる言葉であらわされることは好ましくはないが，第1章ではそのままキーワードとし，この第2章以降はカテゴリーと改める。すなわち，3つの核になる言葉を抽出した第1章ではまさに，キーワードであるが，この章以後は，そのカテゴリーとして群の中にある中身の議論をする。

2. 流行に関心がある男子大学生の流行に対する期待

2.1 目的

本研究の目的は調査対象である男子大学生が，流行に対してどのような期待を持っているのかを明らかにすることである。よって，流行に関心があると回答した男子大学生を調査対象者としている。期待とは，本研究では流行に関して，それらを知ることによって得られる効果，メリット，将来像などを指す。たとえば，音楽での流行を知ることによって，カラオケなどでは良い格好ができる，パソコンの流行を知って，購入時に役だてるというようなものまでも含む。本研究では「流行」の範囲を第1章のようにファッションと雑貨には限定をしなかった。これは予備調査の結果，男子大学生が流行に対する期待を抱く対象がファッションと雑貨の範囲外のものも多かったからである。

第1章の結果から，流行を積極的に取り入れる男子大学生は，新しいブランドに興味があり，自分の好みでブランドを選ぶ。また，お金があり，情報に関心が深いことがわかっている。ちなみに女子大学生は，「ブランドに詳

しい」こと,「値段に詳しい」こと,「アルバイトをしている」ことの3つが流行への敏感さに影響を与える要因であることがわかっている[2]。

2.2 調査方法
(1) 予備調査
1) 方法
　調査地域は関西圏である。主に兵庫県,大阪府,京都府を調査地域とした。調査対象はこれらの地域に在住している男子大学生101人である。授業内において,流行に関心があるか,あるいはないかという質問をした結果,流行に関心があると回答した者は58人,流行には関心がないと回答した者は41人,無回答は2人であった。調査期間は2001年4月中旬から4月下旬である。調査方法として集合調査法を用いた。具体的には授業時間内に「流行に関心がある」と回答した58人に質問票を配布して,その調査内容を説明し,その場で回答させた。そして回答済質問票をただちに回収した。予備調査では流行にどのような期待を抱いているのかを,品目と共に自由に記述させた。このうち,回答の多かった品目を集めた。そして第1章において,流行として挙げられた品目を「ブランド」「日常生活」「情報収集」の3種類のカテゴリーに分類をしたが,ここでもそれらの分類を用いた。

2) 結果
　流行として挙げられた品目を「ブランド」「日常生活」「情報収集」の3種類のカテゴリーに分類をした結果,以下のとおりとなった。ここでは複数回答(5人以上の回答があったもの)のみを挙げた。
　①「ブランド」と強い関わりのある品目群:洋服,ジーパン,Tシャツ,ユニクロ,バッグ,コロン,アクセサリー。これらには,期待することの中にブランドであることという理由が見られた品目である。もっともユニクロは,そのもの自体がブランド名である。なお,洋服の中に,ジーパンもTシャツも含まれるのではあるが,ここではなるべく回答に挙げられた言葉のままで分類をした。なお,ユニクロはファーストリテイリングのブランド名であるが,フリースの発売と同時に多くの人々に,ユニクロとして浸透していった。

②「日常生活」と強い関わりのある品目群：酒，飲食料品，菓子，ラーメン，自動車，外食，コンビニ，スポーツ。たとえば酒にはキリン，アサヒというメーカー名，ラガー，一番しぼりといった商品名の両方を含めて，酒という品目を挙げた。同様に飲食水には桃の天然水，CCレモン，ダカラというジュース類の名前とサントリー，カゴメというメーカー名が挙げられたが，これも飲料水という品目でまとめた。以下同様であるが，ちなみに，菓子にはカルビー，明治といったメーカー名やポッキー，トッポ，ポテトチップス等の商品名との両方が回答として挙がった。ラーメンにはラ王や山頭火

表2-1 流行に関して思い浮かべる品目とそれらに期待する理由

項目	品目	期待すること
ブランド	洋服	安く手に入る，容姿をカバーする，格好良い，似合う，個性的，ブランド
	ジーパン	体型をカバーする，ブランド，格好良い，似合う，個性的，素材，新作
	Tシャツ	夏にむけてのアピール，ブランド，デザインが良い，色，着ごこち，凝る
	ユニクロ	今よりもさらに安い，格好良い，似合う，サイズ，下着，豪華
	バッグ	ブランドである，機能的である，素材がよい，流行している，通学用
	コロン	どこにでも売っている，ブランドである，安いこと，好感が持てる匂い
	アクセサリー	ブランドである，格好良い，似合う，手頃な値段，目立つ，金色，シンプル
日常生活	酒	安く手に入る，おいしい，どこにでも売っている，二日酔いしない
	飲料水	さっぱりした味，カロリーオフ，おまけがついている，サイズがよい
	菓子	安く手に入る，好みの味である，どこにでも売っている，新しい味
	ラーメン	こだわり，安いこと，量の多いこと，辛いこと，満足感，簡単
	自動車	走りがよい，ボディがよい，ラインが美しい，多機能，エンジンがよい
	外食	メニューが多い，値段が安い，24時間営業，おいしい，くつろぎ，簡単
	コンビニ	新製品をおいている，24時間営業，品ぞろえが豊富，弁当，簡単
	スポーツ	サッカーが見たい，大リーグの中継，深夜オールで放映してほしい
情報収集	ドラマ	新しい展開である，新人を起用している，テンポが速い，楽しい
	CM	新しい商品特性がわかる，何が新しいかわかる，値段がわかる，凝る
	パソコン	機能拡大，スピードアップ，画面が見やすい，画像の取り込みが簡単
	音楽	聞いて爽快感がある，リズムがよい，詞に共感できる，心が震える
	歌手	宇多田ひかる，浜崎あゆみ，モーニング娘，アイコ，ポルノグラフティ
	雑誌	役立つ情報，新しい情報，知らなかった知識，今の大学生事情，政治
	携帯	安い，機能がすぐれている，多機能，音楽が聴ける，軽い，簡単

5人未満の者が挙げた流行として，ゲーム（スーパーファミコン，プレステ），スケボー，R&B（リズム＆ブルースという音楽），漫画，ガクト（歌手），鬼塚ちひろ（歌手），ケミストリー（歌手），矢井田瞳（歌手），メール，サングラス，ゴールド系メイク，帽子，アウトドア，携帯アンテナのアクセサリー，アロマオイル等が挙げられた。

等のインスタントラーメンなどが挙げられた．自動車には，セルシオ，シーマなどの車種，日産，ホンダなどのメーカー名が挙げられた．外食としての場所はロイヤルホスト，ガスト，すかいらーくなどが挙げられた．コンビニはセブンイレブン，ローソン，サンクスが挙がった．スポーツとしては野球，サッカーが挙がった．

　③「情報収集」と強い関わりのある品目群：ドラマ，CM，パソコン，音楽，歌手，雑誌，携帯．これらは情報収集の源として考えられる．特に携帯電話はコミュニケーションのツールであり，情報源であると言えよう．いまや大学生のうち所持していない者は1％くらいなのである（2003年11月末・都市圏での調査）．

　以上①から③をまとめて表2-1に示した．なお表2-1には，品目に併せて，それぞれに期待することを回答の多かった順に記述した．たとえば，ユニクロに期待することのひとつは「今よりもさらに安い」価格であった．ユニクロ自体はカジュアル性をアピールしており，価格も高いとはいえないが，期待するところの第一には，価格のさらなる安さがあげられた．

(2) **本調査**

1）方法

　調査地域は近畿圏である．主に兵庫県，大阪府，京都府を調査地域とした．調査対象はこれらの地域に在住している男子大学生679人である．調査の回収率は71.3％（484人）であった．回収率が高いのは，集団調査法として授業時間内に質問票を配布し，回収したためである．この484人のうち，流行に関心があると回答をしたのは387人であった．調査期間は2001年5月下旬から6月上旬である．

2）質問内容

　質問票を予備調査から得られた品目と言葉を中心に作成した．たとえばブランドに関する項目であれば，安価，体型カバー，格好良い，似合う，個性的，ブランド，素材，デザイン，色，着ごこち，サイズ，機能，販売網，目立つ等である．ここからたとえば，「安価」を期待するかどうかを問うために「値段が安い」という質問項目を設けた．似合うことを期待するかどうかを問うために「自分に似合う」という質問を作成した．自分に似合うという

ことは数値化しにくいものである。丹田は似合う評価の視覚判定構造に関する研究の中で似合うを以下のように定義している。「着用者と被服の組み合わせを評価する「似合う」あるいは「似合わない」は，着用者と被服の組み合わせの特徴を言語で表現したものである。(中略)「似合う」という評価は概念である」[3]また，体型などは「体型をカバーすることを期待するか」という質問を作成したとしても，それは洋服に限られてしまう。ここではなるべく汎用的な質問を作成するため「容姿をカバーする」という質問にした。また，着ごこちは「ここち良さ」を期待するかという質問にして，着るのみではなく，持ちごこちの良さ，使いごこちの良さまでを含めた質問とした。ブランドに関するカテゴリーに対しては合計19，日常生活のカテゴリーに対しては合計19，情報収集に関するカテゴリーに対しては合計18の質問を設定した。具体的な質問項目は表2-2の通りである。

表2-2　本調査の質問内容

項目	ブランドに関する期待理由
内容	①値段が安い，②格好が良い，③自分に似合う，④個性的，⑤ブランド，⑥素材，⑦デザインの良さ，⑧色，⑨ここち良さ，⑩サイズがある，⑪機能的である，⑫販売網がしっかりしている，⑬目立つ，⑭身体的にカバーする，⑮流行している，⑯通学用である，⑰他種類がほしい，⑱来シーズンへのアピールがある，⑲新しい
項目	日常生活に関する期待理由
内容	①値段が安い，②おいしい，③販売網がしっかりしている，④カロリーオフである，⑤量が多い，⑥メニューが多い，⑦24時間営業である，⑧新製品がある，⑨品そろえが豊富である，⑩くつろげる，⑪多機能である，⑫おまけがある，⑬美しい，⑭機能的である，⑮満足感がある，⑯手に入りやすい，⑰サイズがよい，⑱こだわっている，⑲簡単である
項目	情報収集に関する期待理由
内容	①新しい展開である，②テンポが速い，③楽しい，④値段がわかる，⑤機能拡大，⑥見やすい，⑦スピードアップ，⑧爽快感がある，⑨役にたつ，⑩知識が増える，⑪取り込みが簡単，⑫新しい情報である，⑬現在の事情がわかる，⑭共感できる，⑮値段が安い，⑯多機能である，⑰機能がすぐれている，⑱わかりやすい

そして調査対象者は，3つに分類したそれぞれのカテゴリーごとに，その中の各質問項目（表2-2）を用いた質問に対して回答をした。たとえば，ブランドに関する品目の洋服に対して，「安く手に入ることを期待しますか」

という質問を調査対象者に行なった。本研究では回答として，1：まったく思わない，2：ややそう思わない，3：どちらでもない，4：ややそう思う，5：たいへん思うの5段階の評価法を用いた。すなわち，これらの尺度を用いて，該当する番号に○をつけさせた。洋服という品目について期待することが，値段が安いことであるならば，1から5までの尺度の5に○をつけるのである。一方，値段が安いことではないならば，1：まったく思わないあるいは2：やや思わないという1か2に○をつけるのである。このように調査対象者に対して品目ごとに1から5までの尺度に○をつけさせた。

2.3　3つのカテゴリー別の因子分析

(1)　分析方法

質問票で得た5段階の評定値（1～5）をデータとした。そして，流行に関心のある387人の男子大学生が，その流行に対して何を期待しているのかを知るために，ブランドに関するカテゴリー，日常生活に関するカテゴリーおよび情報収集に関するカテゴリー別に3回の主因子法による因子分析をおこなった。なお，主因子法とは，多変量の間に共通にみられる変動のうち，第1因子から順に因子寄与を最大とするように因子を定める方法である[4]。もともと因子分析は何かの要因の中から重要なものを選び出すという意味がある。

(2)　結果・考察

因子分析の各結果を表2-3に示した。3つのカテゴリーを比較すると，ブランドに関するこのカテゴリーと情報収集に関するカテゴリーが，いずれも第2因子までで累積寄与率が約0.60となる。また共に第3因子は0.10以下となるので，この2つのカテゴリーに関しては，第2因子までを用いて考察をすることとした。日常生活に関するカテゴリーは第3因子までで，累積寄

表2-3　質問項目別の因子分析結果

質問項目	第1因子	第2因子	第3因子	累積寄与率
ブランドに関するカテゴリー	0.42	0.18	0.09	0.69
日常生活に関するカテゴリー	0.23	0.17	0.12	0.52
情報収集に関するカテゴリー	0.35	0.24	0.09	0.68

与率が0.52と他の2つのカテゴリーと比較すると低い値となった。これは日常生活というカテゴリーの中に酒，飲料水，菓子，ラーメン，自動車，コンビニという場所，スポーツという具合に異種のものが多く混在したためと考える。そこで，日常生活のカテゴリーは第3因子までを考察の対象とした。それぞれ考察の対象とする因子までの因子負荷量の絶対値の大きな項目を正負にわけて表2-4に示し，各因子の解釈も加えた。なお，表2-4の正負（＋－）は調査対象者の因子負荷量を用いた。すなわち，＋の要因を持つ調査対象者が1と5のどちらの回答が多いかを因子ごとに調べ，この場合，正（＋）が肯定的な意味を持ち，負（－）が否定的な意味を持つとした。以下に各項目ごとの特徴を示した。

表2-4 3つの分類内の因子分析結果

因子	ブランドに関するカテゴリー				因子	日常生活に関するカテゴリー				因子	情報収集に関するカテゴリー			
	符号	項目	負荷量	解釈		符号	項目	負荷量	解釈		符号	項目	負荷量	解釈
第1	＋	ブランド	0.85	感覚	第1	＋	おまけ	0.80	付加	第1	＋	楽しい	0.80	遊び
		個性的	0.71				美しい	0.68				爽快感	0.76	
		格好良い	0.65									共感	0.68	
	－	サイズ	0.82	実質		－	安い	0.78	実質		－	知識増	0.88	学習
		身体カバ	0.68				多量	0.65				役立つ	0.80	
							美味	0.65				現事情	0.68	
第2	＋	流行	0.80	変化	第2	＋	くつろぎ	0.76	サービス	第2	＋	早い	0.76	変化
		新しい	0.78				サービス	0.66				スピード	0.66	
	－	機能的	0.70	恒常		－	新製品	0.72	品揃え		－	機能大	0.76	恒常
		素材	0.68				品揃え	0.68				多機能	0.70	
		デザイン	0.65									機能的	0.65	
					第3	＋	満足感	0.70	感覚					
							美しい	0.65						
						－	多機能	0.72	実物					
							機能的	0.65						

注) 絶対値の0.65以上の項目を挙げた。

①ブランドに関するカテゴリー

・因子分析結果と考察

表2-4をみると，第1因子にはブランド，個性的，格好良いが挙がった。これらは感覚的なもの，すなわち自己の感性がブランドに合致することへの期待であると考え，「感覚」と命名をした。一方，サイズ，身体カバー

は自己のサイズや身体という現実的な実質であるので,「実質」とした。第2因子には流行,新しいが挙がった。流行も新しいことも変化のうちと考えて「変化」とした。一方,機能的,素材,デザインというモノの変わらない部分をあらわすことから「恒常」と命名した。

・因子と品目との関係

因子分析をした後,ひとりひとりに個人の因子スコアが算出される。

大学生 NO.	第1因子	第2因子	期待した品目
1	+0.316	+0.228	バッグ
2	+0.404	-0.122	コロン
5	-0.601	+0.078	ジーパン
9	-0.217	-0.100	洋服

たとえば大学生の1番という番号で回答した者は,第1因子が＋(感覚)の因子スコア第2因子も＋(変化)を持った者であった。この大学生が,品目の中で大きく期待した品目,すなわち評価の尺度の平均が5に近かった品目をみると,それはバッグであった。バッグは実用ということを念頭においているモノではあるけれども,そこには感覚に合ったモノを求めていることにもなる。変化すなわち流行のようなものにも,おおいに期待していると言えよう。

同様に,2番目の回答者は第1因子が＋(感覚)で第2因子が－(恒常)の因子スコアを持った。この大学生が期待した品目はコロンであった。すなわち,匂いも含めて感覚的に合致するコロンは,一度購入して使用しだすと,恒常的,すなわち,変わらない方がよいと思うことを示しているのである。

第1因子が－(実質)で,第2因子が＋(変化)であった回答者が期待した品目はジーパンであった。ジーパンは男子大学生の定番である。ジーパンは非常に身近な洋服のひとつであり,所持率も高い(約95％)。だからジーパンには実質的なところを期待するが,その中にも変化,たとえばストレートなどのデザインの変化や色の変化を求めていると考えられる。

第1因子が－(実質)で,第2因子が－(恒常)の因子を持った者が期待したものは洋服であった。たとえばスーツなどは就職活動や入学式あるいは

卒業式の折に着用するので，実質的で変わらないものを求めていると言えよう。ここで実質という中には，おそらくは着ごこちや機能面が含まれているかもしれない。女子大学生であれば，このような入学式や卒業式には，そのときの流行や話題性が気になるのであるが，ここは男女の差になっていると推察できる。

　もちろん，同じように第1因子が＋，第2因子が＋の個人の因子スコアを持っている大学生のすべてが，上記に示した品目のみを期待品目として挙げているわけではない。ここでは，例として，それぞれの因子の中で比較的に多くの者が挙げた品目を例示した。これらをまとめて表2-5に示した。表2-5には，それぞれ個人が得た因子のスコアで＋には何人いたかを（　）の中に記した。たとえば，表2-5のブランドに関する項目の第1因子（＋）

表2-5　因子と品目との関係

ブランドに関するカテゴリー			
第1因子	第2因子		期待品目
（＋）感覚(252)	（＋）変化(154)		バッグ
	（－）恒常(98)		コロン
（－）実質(135)	（＋）変化(88)		ジーパン
	（－）恒常(47)		洋服
日常生活に関するカテゴリー			
第1因子	第2因子	第3因子	
（＋）付加価値(197)	（＋）サービス(109)	（＋）ココロ(67)	酒
		（－）モノ(42)	飲料水
	（－）品揃え(88)	（＋）ココロ(41)	スポーツ
		（－）モノ(47)	外食
（－）実体価値(190)	（＋）サービス(102)	（＋）ココロ(66)	菓子，ラーメン
		（－）モノ(36)	コンビニ
	（－）品揃え(88)	（＋）ココロ(14)	ラーメン
		（－）モノ(19)	自動車
情報収集に関するカテゴリー			
第1因子	第2因子		
（＋）遊び(158)	（＋）変化(84)		雑誌
	（－）恒常(74)		パソコン
（－）学習(229)	（＋）変化(152)		携帯
	（－）恒常(77)		音楽

注）同平均値のものは，品目の欄に2品目挙げた。

感覚（252）とは，第1因子に＋の因子スコアを有した者が252人いたということを示している。さらに第1因子で（＋）というスコアを有した者のうち，第2因子でも＋という因子スコアを有した者は154人，－という因子スコアを有した者は98人となった。そして，それぞれの因子スコアを有する者を集めて，彼らが何を期待品目として挙げたかを集計して，その中でもっとも多くの者が挙げた品目を，期待品目の欄に示した。

②日常生活に関するカテゴリー

・因子分析結果と考察

表2-4をみると第1因子にはおまけ，美しいが挙がった。これらはモノの付加的な特性であり，また美しいは主観的で，個人の感性の部分であり，付加を重んじている。そこで表2-5では「付加価値」と命名した。一方には安い，多量（量が多い），おいしいが挙がった。これらはモノの実質的な特性と考えたので「実体価値」と命名した。

表2-4をみると第2因子には，くつろぎ，サービスが挙がった。くつろぎは顧客のことを考えているサービスのひとつであると判断した。そこで「サービス」と命名した。サービスを与える側は，常に顧客満足を考えているであろう。しかし，消費者である顧客は，自分たちの期待やニーズを正確に企業が受け止めているとは思っていない。そこに企業と消費者のずれがあり，問題となるところである。一方には新製品，品揃え，が挙がった。新製品もあるということは，品揃えの良さであり，これらを「品揃え」と命名した。表2-5には「サービス」「品揃え」という命名をそのまま使用している。

表2-4をみると第3因子には満足感，美しいが挙がった。これらは男子大学生が心の中で感じることでまさに感覚である。表2-5ではそれらをまとめて「ココロ」（心）と命名した。一方，多機能と機能的とは，どちらもモノの特性に関する事柄である。物，そのものの実物と言える。これらを表2-5では，まとめて「モノ」（物）と命名した。

・因子と品目との関係

表2-5をみると第1因子が＋，第2因子が＋，第3因子が＋の期待品目は酒であり，第3因子が－は飲料水であった。飲料水の実質とはおそらく，

成分になるであろう。ビタミン，鉄分およびカルシウムの添加が考えられる。付加（+），品揃え（−），ココロ（+）がスポーツなのは，番組の放映時間，見ると何か得点がある，サッカーや野球を選択するのは感性での選択からであろう。付加（+），品揃え（−），モノ（−）が外食になるのは，来店すると得点があって，メニューが豊富で，機能すなわち味がよい，おいしいということが考えられる。

　第1因子が実質（−），第2因子がサービス（+），第3因子がココロ（+）の期待商品は菓子およびラーメンであった。菓子やラーメンは本質は変わらないけれども，増量されていたり，値引きされているサービスがあって，自分の感性にあう菓子やラーメンが期待されていると考えられる。第3因子が（−）になるものがコンビニというのは，モノ，すなわち店舗としての本質のうえにサービスがよく，便利な立地，あるいは24時間営業などを期待していると考えられる。第1因子が実質（−），第2因子が品揃え（−），第3因子がココロ（+）がラーメンであったのは，品揃え，すなわち多種の中から自分の感覚，感性，ココロにあったものという意味でラーメンが期待されたのである。第3因子がモノ（−）の期待商品は自動車であった。実質的で多種，そしてモノとしての機能的な性能を期待するときの商品が自動車であると言える。

③情報収集に関するカテゴリー

　・因子分析の結果と考察

　表2-4をみると第1因子には楽しい，爽快感，共感が挙げられた。そこでこれらを「遊び」と命名した。一方には知識が増える，役に立つ，現在の事情がわかるが挙がった。これらはどちらかと言えば，学習することである。そこでこれらを「学習」と命名した。

　第2因子にはスピードが早い，スピードアップが挙がった。これらは変化していく速さであるので，これをまとめて「変化」とした。一方，機能の拡大，多機能，機能が優れているという機能面が挙げられた。これらはモノの変わらない特性であるので，「恒常」と命名した。

　・因子と品目との関係

　表2-5をみると第1因子が遊び（+）で，第2因子が変化（+）の商品

が雑誌となった。雑誌は遊びがあるかどうか，そして変化という流行や速い情報があるかどうかその内容が問われているのである。また，第2因子が恒常（−）の商品はパソコンとなった。第1因子が学習（−）で，第2因子が変化（＋）は携帯電話であった。何らかの形で学習が必要であり，また新しい機種への興味があると言えよう。第2因子が恒常（−）は音楽であった。これは誰の曲かという認知（学習）で，定番になるような良い曲が期待されていると考えられる。

④まとめ

第1因子から第2ないしは第3因子までの命名をまとめると以下のようになる。

項目	第1因子	第2因子	第3因子
ブランドに関する項目	感覚—実質	変化—恒常	
日常生活に関する項目	付加価値—実体価値	サービス—品揃え	ココロ—モノ
情報収集に関する項目	遊び—学習	変化—恒常	

よって，ブランドに関するカテゴリーにおける流行への期待としては，「感覚」であり「変化」である。たとえばそれが新しいブランドへの期待も含まれると考える。具体的には，Tシャツでも流行するものは感覚的であって，変化がほしいという期待である。日常生活に関する項目における流行への期待は「付加価値」，「サービス」，「ココロ」である。すなわち，酒にしろ，飲料水にしろ，菓子にしろ，流行するものには付加的な要素を持つものを受け入れるところがあって，サービスを期待している。そして自動車にしても，外食にしても付加価値があるものを期待しているのである。情報に関するカテゴリーにおける流行への期待としては，「遊び」であり「変化」である。情報を自分の中に取り込んで，遊び心を得ようとしているのである。また，変化ということ，流行を重視している。

2.4　全体の因子分析

このようにカテゴリー別に因子分析をしてみたが，第1因子から第3因子までに得られた因子の間に大きな差があるとは言いがたい。たとえば，付加価値やサービスという因子も，どちらかと言えば，個人の満足であり，感

覚, ココロの問題である。そこで, すべての回答を1つにして, 全体として因子分析をおこなった。その結果, 寄与率は第1因子39.4, 第2因子23.5, 第3因子10.0であった。第3因子までで累積寄与率が72.9となった。ここでは3因子での解釈をおこなう。

　第1因子としてブランド, 個性的, 格好良い, 美しいが挙がった。これらを「感覚」の因子と考えた。一方では, 機能, 身体カバーが挙がった。これらを「実質」の因子と考えた。第2因子には流行, 新しいが挙がった。流行も新しいことも変化のうちと考えて「変化」とした。一方, 機能的, 素材, デザインというモノの変わらない部分をあらわすことから「恒常」と命名した。

　第3因子には, シンプル, 簡単, 楽しいが挙げられた。そこでこれらを「単純」と命名した。一方には, こだわり, 凝る, 多機能, 現在の事情がわかるが挙がった。これらはどちらかと言えば, 学習することである。そこでこれらを「複雑」と命名した。

　第1因子と第3因子の命名をまとめると以下のようになる。
　第1因子：感覚—実質, 第2因子：変化—恒常, 第3因子：単純—複雑
これらの3要因が, 流行に関心のある387人の男子大学生が, 流行に対して何を期待しているのかを示しているのである。そしてこれらの要因は第1章にそくして, 先にブランド, 日常生活, 情報収集という3分類をおこなったが, それらの分類をこえて, 共通した流行への期待する要因である。

2.5　品目間の関係

　ここで, 個々の品目と品目との関係をみるために, クラスター分析を行なった。クラスター分析は似ている度合いを調べる分析である。すなわち, 複数の変数あるいはサンプルがあるときに, その中から似たものたちを集めていくつかのグループに分ける手法である。クラスター分析には, 変数クラスター分析とサンプルクラスター分析の2種類がある。ここではサンプルクラスター分析を用いた。サンプルクラスターはサンプル層簿の距離を計算して, 距離の近いものから順番にクラスター（グループ）に集めていく方法である。ここではユークリッドの距離を用いた。クラスター分析を用いて, 何

を期待しているのかについて，期待の似ている品目ごとにまとめて，そこから考察を行なう。なお，クラスター分析の結果を図2-1に示した。

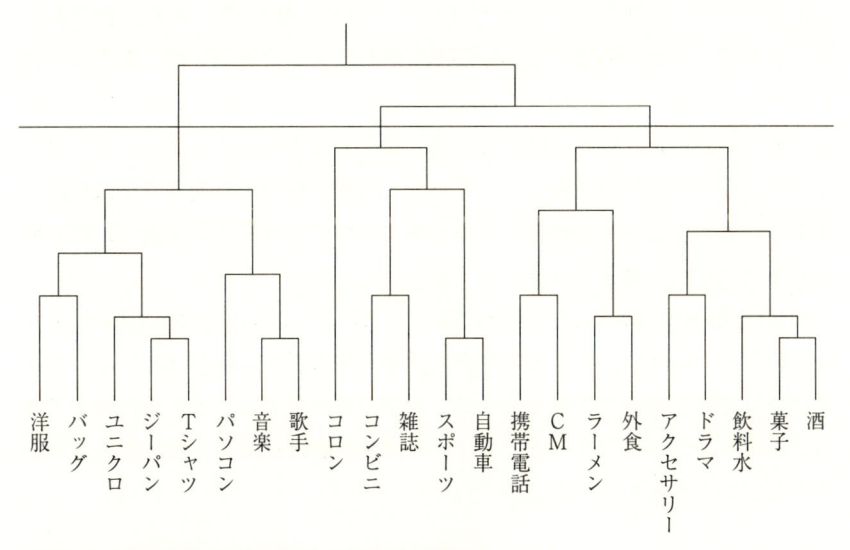

図2-1　流行に関して思い浮かべる品目の樹形図

ここでは先の因子分析の結果で3つの因子が得られたことから，3つのグループとして考察することとする。

第1グループ（図2-1左側）に関する品目は，左から順番に洋服，バッグ，ユニクロ，ジーパン，Tシャツ，パソコン，音楽，歌手であった。音楽と歌手が近く，それらとパソコンが近いのは，パソコンでも音楽が聞けること，CD-RなどCDをコピーしたりすることなどから，流行に関して思い浮かぶ品目として，比較的に近い意識になっていると考えられる。Tシャツやジーパンが近く，これらとユニクロが近いのは，カジュアル衣料に対する期待が共通のためと考える。

第2グループ（図2-1中央）に関する品目は，左から順番にコロン，コンビニ，雑誌，スポーツ，自動車であった。スポーツと自動車の期待が近い。F1レースなど，スポーツ感覚に近い自動車競技もあるし，男子大学生にはスポーツも自動車も近い意識にあると考えられる。コンビニと雑誌が近いことは，おそらく現状においてもコンビニには，多くの雑誌が販売されている

からである。

　第3グループ（図2-1右側）に関する品目は，左から順番に携帯電話，CM，ラーメン，外食，アクセサリー，ドラマ，飲料水，菓子，酒であった。酒と菓子が近いのは，大学生が酒を飲む場合，自宅や下宿に集まって飲む時のつまみは，冷奴や枝豆ではなく，菓子であることから，近い位置にあると考えられる。具体的にはたとえば，菓子ではポテトチップス，キャラメルコーンなどのスナック菓子で，それらと缶チューハイや果実酒を飲むことがある。外食とラーメンが近いのは，外食の中ではラーメンを食べに行く機会が多かったり，身近な外食として感じているためであろう。

　図2-1の樹形図からは，流行に関して思い浮かぶ品目の間の関係が示されているが，同時に，男子大学生の生活や意識の近さも示されている。たとえばコンビニと雑誌，外食とラーメンおよび酒と菓子などは生活の例示である。また，スポーツと自動車，バッグと洋服などは概念的で意識の近さをあらわしていると考えられる。

3. まとめと提言

　上記の分析結果をまとめると以下の5つのことが言えよう。
　(1)予備調査より，男子大学生のうち，流行に関心のある者が流行に対しての期待する品目を3つに分類した。これは第1章をふまえての分類である。それらの分類は，ブランドに関するカテゴリー，日常生活に関するカテゴリー，そして情報収集に関するカテゴリーである。
　(2)3つの分類ごとに因子分析をおこなった。その結果は以下のとおりである。①ブランドに関するカテゴリーでは，第1因子：感覚―実質，第2因子：変化―恒常となった。②日常生活に関するカテゴリーでは，第1因子：付加価値―実体価値，第2因子：サービス―品揃え，第3因子：ココロ―モノとなった。③情報収集に関するカテゴリーでは，第1因子：遊び―学習，第2因子：変化―恒常となった。
　(3)因子と品目との関係をみた場合，それぞれの正負によって分類された品

目は，流行に関する期待を表現する品目と対応していた。

(4)全体をまとめて因子分析をした結果，第1因子：感覚—実質，第2因子：変化—恒常，第3因子：単純—複雑という因子が得られた。また，個別にしても全体にしても，感覚—実質，変化—恒常は流行を考えるうえで大きな影響を与える因子であることが得られた。

(5)クラスター分析によって，似ている品目に分類したところ，酒と菓子，スポーツと車，Tシャツとジーパンなどが特に似ている商品として近い位置に分類された。

次に提言をする。男子大学生は，ブランドに関するカテゴリーでは，感覚にうったえるものと変化に期待をしている。ブランドは本来，その歴史があって，老舗独特のポリシーがある。そこに変化を求めるということは，新しい感覚に合致したブランドを求めているという解釈もできる。すなわち，従来のブランドが新製品を出すのは，まさにそこに変化と新しさをアピールしているわけであるが，男子大学生をターゲットとした場合，感覚に訴える新作が必要だということである。これらの期待を拡大解釈すれば，今のファッション全体に関しても，感覚に訴えるものを期待しているといえよう。何もファッションは洋服やアクセサリーばかりではなく，家具やインテリアまで，そして住環境にまで広げて考えれば，いかに今の男子大学生がおしゃれな感覚を期待しているかがうかがえる。日常生活に関するカテゴリーでも付加価値やココロがあげられている。たとえば，男子大学生たちが意外に興味を示すのが，土間である。そこには土ではなく，特殊な材料で固められており，もちろん床暖房も導入できる。しかし，そこは空間があり，機能的には傘を広げて乾かしたり，少し大きなものもおけるようになっている。もちろんバリアフリーという感覚から言えば，段差のある土間は逆行した発想になるが，その土間という昔の空間が今の若い世代にも受け入れられているのである。

最近，住宅のリフォームがブームである。もちろん不況ということもあって，住宅を建て替える資金力がないことも理由のひとつであろうが，リフォームするさいに，いかにセンスよくおしゃれにするのかが，ポイントになっているようである。男子大学生にとっての流行への期待はまさにおしゃ

れでシンプルはものであり，その感覚にうったえる商品が流行していくのである。

　そして情報収集に関するカテゴリーでも遊びや変化の要因があげられており，上記2つのカテゴリーと同様におしゃれにうったえてくるモノを求めていると推察できる情報機器のインテリア化も時代の流れとしては当然のことである。たとえばノート型で薄い電子辞書はまだ値段的には安いとは言いがたいが，少しずつ普及してゆくのではないだろうか。いかに荷物が少なく機能的でおしゃれなバッグにおしゃれな文具を揃える，そんな男子大学生は大学内では珍しくない存在になりつつある。

【注】
1）馬場房子『消費者心理学（第2版）』白桃書房，1989年，51頁より抜粋した。初版は1977年12月に発刊されている。この頁は第3章　消費者の動機づけから抜粋した。この中になる Dichter, E. は原文では注4がふられてある。注釈 p.74には，次の参考文献があげられている。「Dichter, E., *The Strategy of Desire*, Doubleday and Company, 1960. E. ディヒター著　多湖輝訳『欲望を創り出す戦略』ダイヤモンド社，1964年」。
2）辻幸恵「流行に敏感である女子大学生の特性とそれに関する要因分析」，京都学園大学経営学部論集，Vol.9, No.2, 1999年，89-108頁。
3）丹田佳子『「似合う」評価の資格判定構造に関する研究』武庫川女子大学家政学部・学位論文，1999年，1-143頁。
4）芝祐順『因子分析法』東京大学出版会，1979年，16-24頁。

第3章
消費者の選択基準
―流行への受け入れ基準―

1. 選択基準という心理尺度

　何かを選ぶときには，基準があるはずである。洋服を購入するときでも，他者にギフトをするときにでも，商品の選択理由はある。
　先行研究として以下の2つを選択基準ということからの視点であげておく。ひとつは，ブランド選択の基準である。ここでは女子大学生とその母親を対象とし，ブランドの鞄を選択する場合について調査をしたものである[1]。ブランドの鞄を購入する時の選択基準の要因として，女子大学生の場合は「現実―あこがれ」「感性―実用」「自己評価―他者評価」の3つが基準であった。母親たちの場合は「定番―流行」「自己評価―他者評価」「感性―実用」の3つが基準であった。「感性―実用」「自己評価―他者評価」が世代を超えての基準として取り上げられた。両者の異なる点は，母親たちは「定番―流行」を選択基準とし，女子大学生は「現実―あこがれ」を選択基準にしたことである。もうひとつは，キャラクター商品に対する購入基準である。ここでは女子中学生とその母親を対象とし，主にキャラクターの付いた文具を購入する場合について調査をしたものである[2]。キャラクター商品を購入するときの選択基準の要因として，女子中学生の場合は「友人」「外部情報」「自己評価」であった。キャラクター商品を購入する時には友人の反応が気になるし，その友人の評価が気になるのである。友人とは同年代の中学生を指す。また，キャラクターが世間でどの程度，認知されたり評価されたりしているのかという外部の評価も気になるところのようで，これはブランドの

選択基準である他者評価につながるところでもある。母親たちの選択基準は「外部情報」「他者基準」「大人のプライド」であった。母親特有の基準は「大人のプライド」であり，これはキャラクターという可愛いものをもっていても，何らかの大人というキーワードが必要なことを示している。

このように何かを選択する場合，多くの場合は自己の満足や感性があり，一方，他者の評価や世間での認知などがあることがわかった。それらのうちの何を重んじるのかは性差や世代によって異なるものもあるであろう。

2. 流行に関心がある男子大学生の流行を受け入れる基準

2.1 調査の目的

本章の目的は調査対象である男子大学生が，流行を受け入れる時にどのような基準を持っているのかを明らかにすることである。よって，ここでは流行に関心があると回答した男子大学生を調査対象者としている。流行を受け入れる時の基準を本研究では受け入れ基準と呼ぶ。すなわち受け入れ基準とは，本研究では流行に関して，それらを何らかの判断で選択し，自身の生活に受け入れる場合の条件である。その基準を明らかにすることは，受け入れることによって得られる効果をどのように判断しているのかを明らかにすることに通じる。それは受け入れるときの理由から推測することが可能である。たとえば，音楽での流行を受け入れ基準としては，あるCDのヒットランキングが5位以内に入れば，自分もその曲を聞いてみようと思うなどである。そして理由は，たとえば世間で5位くらいにランキングされている曲を知らないと格好が悪いかなと思うなどである。これは世間体を気にしているのである。同調したいという気持ちのひとつと考えられる。また，ファッションアイテムなどでは，周囲の友人が持っていたら，自分もそのアイテムを購入したいと思うなどである。仲間意識がはたらくなどがその理由として考えられる。

なお，本研究では「流行」の範囲を第1章および第2章と同様に「ブランドに関するカテゴリー」，「日常生活に関するカテゴリー」そして「情報収集に関するカテゴリー」の3つに分類した品目を使用した。流行といえども，

その品目の種類によって受け入れ基準が異なると考え，前述のように3分類した項目から調査をすることとした。

2.2 調査方法
(1) 予備調査
1) 方法

　京都府を調査地域とした。調査期間は2002年5月中旬から下旬とした。調査対象はこれらの地域に在住している男子大学生97人で，私立大学の経営学部，経済学部，法学部のいずれかに在籍中である。授業内において，一般的にどちらかといえば「流行に関心がある」か，あるいは「流行には関心がない」かという質問をした結果，流行に関心があると回答した者は68人，流行には関心がないと回答した者は26人，わからないは3人であった。わからないという者の中には，流行のものによるという意見であった。すなわち自身の関心の範疇の品物であれば，関心が高いが一般的な流行には関心がないということであった。これらの3人は具体的な質問票を見せた後，3人共，関心があるという方に入った。そこで流行に関心がある調査対象者の合計人数は71となった。「流行に関心がある」と回答した者に質問票を配布した。その折に調査内容と質問票の内容を説明し，その場所で回答をしてもらった。

　予備調査では流行を受け入れるとしたら，どのような状態の時に，受け入れようと思うのか，あるいはどのような状況になったら受け入れようと思うのかという判断基準を自由に記述させた。もちろん，誰かに何かを言われたら，受け入れるという場合も本研究では受け入れるという方に含んでいる。これらの個々の回答をデータとした。第2章において，流行として挙げられた品目を「ブランド」「日常生活」「情報収集」の3種類のカテゴリーに分類をしたが，ここでもそれらの3分類を用いた。なお，「ブランドに関するカテゴリー」は洋服（ジーパン，Tシャツなど），バッグ，コロン，アクセサリーを例示した。「日常生活に関するカテゴリー」は酒，飲食料品，菓子，ラーメン，自動車，外食，コンビニ，スポーツ用品を例示した。「情報収集に関するカテゴリー」はドラマ，CM，パソコン，音楽，歌手，雑誌，携帯電話を例示した。具体的には以下のとおりである。「ブランドに関するカテ

ゴリー」では「ジーパン」→「ジーパンを買いに行った時，どのような条件ならば購入しますか。たとえば値段，誰かの薦め，広告で見た，サイズがよいなど自分自身が買う条件を自由に記述下さい。」

「ユニクロ」→「カジュアル専門店のユニクロに行った場合，そこでの品物がどのようなものであれば購入しますか。たとえば誰かが薦めた，どこかで見た，値段にひかれた，流行だからなど，自分自身が買う条件を自由に記述して下さい。」

「洋服」→「洋服を買いに行った時，どのような条件ならば購入しますか。この場合の洋服は別紙のとおりTシャツやジーパンなどは省いています。自分自身が買う条件を自由に記述して下さい。」

これに対して，ジーパンならば「恋人が薦めるならば多少気に入らなくても買う」，「恋人の顔をたてて買う」，「友人がそのようなスタイルを持っていた」等の回答があがった。なお，ユニクロはそのイメージに代表されるカジュアルウェアを意味していることを調査者に告げてから回答をさせた。具体例としてジャージ，フリース，短パンをあげた。ここにはTシャツを含めないこととした。なぜならば，Tシャツは1つの項目として他にすでにあげているからである。「洋服」はTシャツ，ジーパン，これら以外のカジュアルを省くすべてのものとした。具体的にはジャケットやスーツは「洋服」に含まれることを説明した。

②日常生活項目

「飲料水」→「飲料水を買いに行った時，どのような条件ならば購入しますか。」

「コンビニ」→「コンビニに恋人と行った場合，そこでの品物をどのような条件ならば購入しますか。」

「スポーツ」→「スポーツ用品を買うとするならば，どのような条件ならば購入しますか。」

これに対して，飲料水ならば「友人がすすめたら買う」「自分が知らない飲料水でも恋人が言うならためしに買ってみる」等の回答があがった。コンビニならば「コンビニにあるならだいたい気にいるので買う」「TVで見たならば買う」等の回答を得た。なおコンビニとはコンビニエンスストアの略

語である。本報においても以下はコンビニとする。スポーツ用品ならば「TV でみたらそのメーカーのものを買う」「そのスポーツにくわしい友人がすすめたら買う」等の回答があがった。
③情報収集項目
「携帯電話」→「ある携帯電話のある機種をどのような条件ならば購入しますか」
　これに対して，「口コミで良い評判ならば買う」，「お金があれば恋人とそろえたいので買う」「機能性が充実していれば買う」等の回答を得た。
2）結果
・3種類の項目に関する結果
　流行の受け入れ条件を「ブランドに関するカテゴリー」「日常生活に関するカテゴリー」「情報収集に関するカテゴリー」の3種類別に，比較的に多くの者が条件としてあげた回答をまとめた結果を表3-1から表3-3に示した。流行を受け入れる時の条件として各カテゴリーに回答が多かったものは

表3-1　ブランドに関してあげられた品目と受け入れ条件

品目	受け入れ条件		
洋服	TV で見た	恋人がすすめた	新聞などでニュースになった
ジーパン	恋人がすすめた	友人がそのようなスタイルをとりいれたら	
Tシャツ	価格がよければ	自分の感性に合致したら	惹かれるものがあれば
ユニクロ	世間がみんな持っているようになれば	同性の先輩が持っていたら	恋人がすすめた
バック	自慢できそうであれば	いつも行く店の人がすすめたら	恋人がすすめた
コロン	自分の感性に合致したら	店頭でよく見るようになったら	
アクセサリー	価格がよければ	TV でみたら	恋人がすすめた

表3-2　日常生活に関してあげられた品目と受け入れ条件

品目	受け入れ条件		
酒	いつも買う店で見たら	恋人がすすめた	よく買う雑誌に掲載されれば
飲料水	友人のすすめ	恋人がすすめた	何かもらえば
菓子	店のチラシや新聞広告をみたら	それを知っている人が多くなってきたら	
ラーメン	新発売などの表示をみたら	TV で見たら	友人のすすめ
自動車	街や店頭でみかけたら	同性の先輩がもっていた	
外食	価格が手頃になったら	インターネットで見れば	恋人がすすめた
コンビニ	TV で見たら	恋人がすすめた	
スポーツ	TV で見たら	友人のすすめ	

表3-3 情報収集に関してあげられた品目と受け入れ条件

品目	受け入れ条件		
ドラマ	TV 見たら	恋人がすすめた	先輩のすすめ
CM	TV 見たら	恋人がすすめた	友人のすすめ
パソコン	価格に納得できれば	インターネットで見たら	新製品が出れば　　友人のすすめ
音楽	恋人がすすめた	世間的に有名になったら	口コミで良い評判であれば
歌手	口コミで良い評判であれば	インターネットで見たら	TV で見たら　　友人のすすめ
雑誌	恋人がすすめた	先輩のすすめ	所持している人が身近にいたら
携帯電話	機能が優れていれば	価格に納得できれば	使いやすそうであれば
	所持している人が身近にいたら	街で使用している人が多くなったら	

「恋人に薦められたら」受け入れるであった。ここでは複数回答であるが，表3-3にはそれぞれのカテゴリーごとに多かった受け入れ条件の上位をあげた。

(2) **本調査**

1）方法

　調査地域は兵庫県，大阪府，京都府とした。調査対象はこれらの地域に在住している男子大学生840人である。調査の回収率は71％（596人）であった。回収率が高いのは，集団調査法として授業時間内に質問票を配布し，回収したためである。この596人のうち，流行に関心があると回答をしたのは447人で約75％の者が関心があった。ただし，ここでは流行の中にパソコンや食品は新製品を含めた。よって，新しいモノに関心がある者は，本研究においては，流行に関心がある者に含まれる。また，全体の596人のうち，流行を受け入れるか，受け入れないかという質問をした場合，受け入れると回答した者は398人で，受け入れないと回答した者は198人であった。受け入れないと回答した者の中には，流行に関心はあるけれども，安易には受け入れたくないという者が含まれた。

　調査期間は2002年6月中旬から6月下旬である。

2）質問内容

　質問票を予備調査から得られた品目と言葉を中心に作成した。「ブランドに関するカテゴリー」「日常生活に関するカテゴリー」そして「情報収集に関するカテゴリー」の3種類ごとに13ずつ質問項目を作成をした。たとえばブランドに関するカテゴリーであれば，流行しているブランドに関するカテ

ゴリー内の品目をTVで見たら受け入れる，いつも購読している雑誌に掲載されたら受け入れる，恋人にすすめられたら受け入れるなど，得られた回答のうち多かった順に13を選択し，それらを質問項目とした。

ただし，上記とは別に3種類に共通した受け入れ基準が多く存在したので，それらをまとめて10の質問項目とした。これらは全体に尋ねる質問として別に作成した。ここでの質問項目を表3-4にまとめた。

なお，表3-4内の項目は，同じような意味あるいはニュアンスの場合はひとつの項目にまとめた。たとえば「ブランド」に関するカテゴリーの中で，惹かれるものがあれば受け入れるという項目は感性に合致したら受け入れるという項目に含めた。世間がみんな持っているようになれば受け入れるという項目は，街でそのようなスタイルを見かけたら受け入れるという項目に含めた。いつも行く店の人がすすめたら受け入れるという項目は店頭でよく見るようになったら受け入れるという項目に含めた。また，「情報収集」

表3-4　質問項目群・受け入れ基準

全体質問項目群（10項目）
恋人にすすめられた，街でみかけた，世間的に有名になった，新聞広告でみた，TVで見た，先輩にすすめられた，インターネットでみた，友人にすすめられた，雑誌でみた，店で見た

「ブランド」カテゴリー（13項目）
TVで見たら，いつも購読している雑誌に掲載されたら，恋人にすすめられたら，街でそのようなスタイルを見かけたら，友人がそのようなスタイルを取り入れたら，新聞などで流行しているとニュースになったら，新しさを感じさせる何かがあれば，自慢できそうであれば，同性の先輩が持っていたら，店頭でよく見るようになったら，インターネットで見たら，自分の感性に合致したら，価格がよければ

「日常生活」カテゴリー（13項目）
TVで見たら，恋人にすすめられたら，友人がすすめたら，インターネットで見れば，店のチラシや新聞広告を見たら，新発売などの表示をみたら，街や店頭でみかけたら，価格が手ごろになったら，それを知っている人が多くなってきたら，何かでもらえば，同性の先輩が持っていた，よく買う雑誌に掲載されれば，いつも買う店で見つけたら

「情報収集」カテゴリー（13項目）
いつも自分が購読している雑誌に掲載されたら，恋人にすすめられたら，TVで見たらメーカーが新製品を出したら，広告が新聞に掲載されたら，インターネットで見たら，口コミで良い評判であれば，機能が優れていれば，価格に納得できれば，先輩のすすめ，使いやすそうであれば，世間的に有名になったら，所持している人が身近にいたら

に関するカテゴリーの中で，街で使用している人が多くなったら受け入れるという項目は世間的に有名になったら受け入れるという項目に含めた。専門雑誌に掲載されたら受け入れるという項目はいつも自分が購読している雑誌に掲載されたら受け入れるという項目に含めた。

一方，2つの異なった意味を持つ項目は分類をした。たとえば「情報収集」に関するカテゴリーの中でいつも自分が購読している雑誌に広告か新聞に掲載されたら受け入れるという項目は2つに分けて，雑誌に掲載されたら受け入れると新聞に広告が載れば受け入れるという2つの別の項目とした。

全体に関する項目は10項目，ブランドに関するカテゴリーに対しては合計13，日常生活に関するカテゴリーに対しては合計13，情報収集に関するカテゴリーに対しては合計13の質問を設定した。そして調査対象者は，3つに分類したそれぞれの項目ごとに，その中の各質問項目（表3-1）を用いた質問に対して回答をした。たとえば，「恋人にすすめられたら流行を取り入れますか」という質問を調査対象者に行なった。本研究では回答として，1：まったく思わない，2：ややそう思わない，3：ややそう思う，4：たいへん思うの4段階の評価法を用いた。すなわち，これらの尺度を用いて，流行の受け入れ基準の度合いを該当する番号に○をつけさせた。流行を取り入れることが，恋人のすすめであるならば，1から4までの尺度の3か4に○をつけるのである。

2.3 3つの項目別の数量化Ⅱ類
(1) 分析方法

質問票で得た4段階の評定値（1～4）をデータとした。そして，流行に関心があって，なおかつ受け入れるという398人の男子大学生と流行には関心があるけれども，安易には受け入れないと回答した男子大学生は198人が，その流行を受け入れる時に何を基準しているのかを知るために，ブランドに関するカテゴリー，日常生活に関するカテゴリーおよび情報収集に関するカテゴリー別に3回の数量化Ⅱ類をおこなった。さらに全体で1回の数量化Ⅱ類による分析をおこなった。

(2) 結果・考察

3つのカテゴリー別におこなった結果を表3-5に示した。数値はレンジの値である。3つのカテゴリーを比較すると，いずれも恋人がすすめたという項目が上位に入っている。

表3-5　流行を受け入れる時に影響を及ぼす度合い（数量化Ⅱ類）

項目	ブランド	項目	日常生活	項目	情報収集
雑誌	0.81	友人	0.80	情報	0.83
恋人	0.80	恋人	0.79	恋人	0.81
友人	0.72	TV	0.65	友人	0.80
街で	0.70	新発売	0.60	口コミ	0.79
価格	0.68	価格	0.59	機能	0.75
自慢	0.67	雑誌	0.53	TV	0.68
TV	0.58	店頭	0.38	新製品	0.57
感性	0.54	街で	0.34	インターネット	0.53
インターネット	0.23	インターネット	0.20	価格	0.50
店頭	0.15	知っている	0.18	世間で有名	0.41
新聞	0.10	新聞	0.11	所持者身近	0.32
新しさ	0.08	先輩	0.09	使いやすさ	0.15
先輩	0.04	もらう	0.02	新聞	0.09

1) ブランドに関するカテゴリー

分析結果を図3-1に示した。図3-1によると判別的中点は-0.07，判別的中率は76.2%となった。また表3-5によるとレンジが0.60以上の項目は，雑誌に掲載されれば受け入れる（雑誌），恋人にすすめられたら受け入れる（恋人），

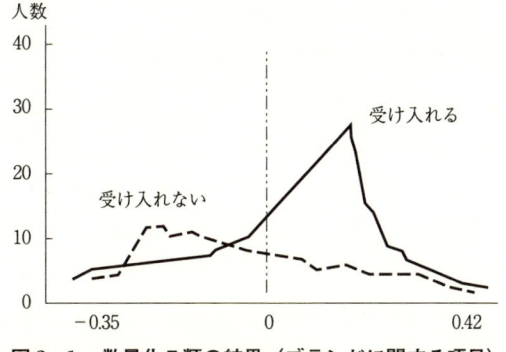

図3-1　数量化Ⅱ類の結果（ブランドに関する項目）

友人にすすめられたら受け入れる（友人），街で見たら受け入れる（価格），人に自慢できそうなら受け入れる（自慢）の6項目であった。なお，（　）内に表3-5に挙げた項目を記した。ブランドに関する項目は他の項目と比較すると0.60以上のレンジを有する項目が多かった。

さて，受け入れ条件が恋人や友人という身近で親しい者からの薦めや情報によって，決定されることは一般的な傾向といえる。ただし本報においては調査の段階，すなわち質問票を配布し，回答を得る段階で調査対象者に対して「恋人」と「友人」の差が明確に伝わったか否かが疑問である。友人の中には同性の友人と異性の友人が含まれる。恋人といえども認識のズレからどの程度のつき合いからが恋人になるのかという問題も含まれる。

ブランドに関する項目での特徴は雑誌，価格，自慢であろう。価格については，おそらくブランドに関する項目に属する品目が鞄であったり，衣服であることから，あまり安価ではないものもあり，たとえ流行しておりほしいと思ったとしても購入することができないという可能性もある。また，高価であれば，それを他者に自慢したくなることも事実である。自慢という行為は男子大学生のみならず，女子大学生においても同様である。

2）日常生活に関するカテゴリー

分析結果を図3-2に示した。図3-2によると判別的中点は0.01，判別的中率は81.1％となった。表3-5によるとレンジが0.60以上の項目は，友人にすすめられたら受け入れる（友人），恋人にすすめられたら受け入れる（恋人），TVで見たら受け入れる（TV），新発売のものは受け入れる（新発売）の4項目であった。

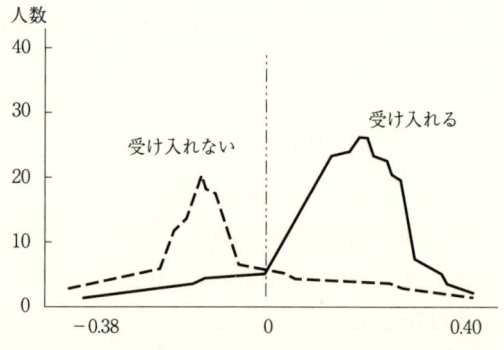

図3-2　数量化Ⅱ類の結果（日常生活に関する項目）

受け入れ条件が友人や恋人という身近で親しい者からの薦めや情報によって決定されることは，ブランドに関するカテゴリーと同様な傾向といえる。日常生活のカテゴリーでの特徴はTVと新発売であろう。男子大学生は，買い物の多くをスーパーあるいはコンビニで行なう。日用品の他に食品等もコンビニで買うことも十分に予測できる。コンビニは約2600～3000種類の品揃えをしているが，ここでは新製品の紹介や販売も多い。メーカーとして

は，若者をターゲットとした商品がどの程度受け入れられるのかを知る目安ともなる。TV で見たら受け入れるという項目については，たとえば，TVCM で見たラーメンを購入する，飲料を購入するということが具体的に挙げられていた。日常用品というカテゴリーにおいては新しいものがほしくなったり，TV で見たものがほしくなったりすることが推察できる。そして，それらを購入できる要因，すなわちコンビニでの利用などが，男子大学生の日常生活においては可能である。

3）情報収集に関するカテゴリー

分析結果を図3-3に示した。図3-3によると判別的中点は－0.05，判別的中率は77.8％となった。表3-5によるとレンジが0.60以上の項目は，雑誌で見たら受け入れる（雑誌），恋人にすすめられたら受け入れる（恋人），友人にすすめられたら受け入れる（友人），口コミで聞いたら受け入れる（口コミ），機能性が充実していれば受け入れる（機能性），TV で見たら受け入れる（TV）の6項目であった。雑誌に掲載されれば受け入れる（雑誌），恋人にすすめられたら受け入れる（恋人），そして友人にすすめられたら受け入れる（友人）はブランドに関するカテゴリーと同じであった。また，TV で見たら受け入れるという項目については，日常生活に関する項目と同じであった。情報収集に関するカテゴリーの特徴は，口コミで聞いたら受け入れる（口コミ）と機能性が充実していれば受け入れる（機能性）の2項目である。

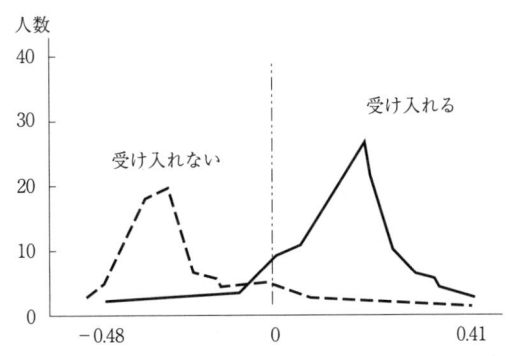

図3-3　数量化Ⅱ類の結果（情報収集に関する項目）

2.4　流行を受け入れる者が重視する項目

(1)　**分析方法**

次に流行の受け入れ条件とは別に，流行を受け入れる者の流行に対する考え方を調べた。すなわち，何を重視しているのかを明らかにする。これらの

質問項目一覧を因子分析の結果とあわせて表3-6に示した。ここでは従来の研究で使用した36項目を土台として、ひとつの質問を削除し、新たに2つの質問をくわえたので全部で37項目となった。削除した項目は「彼が気にいる」である。本研究では、男子大学生を調査対象としているので「彼」が気に入るという状況がないためである。また、新しく加えた2項目は「色づかい」と「バランス」である。流行を受け入れる時にはどちらも、必要であると判断したために項目として追加した。各質問項目（表3-6）に対して回答をさせた。本研究では1：まったく重視しない、2：やや重視しない、3：どちらでもない、4：やや重視する、5：たいへん重視するの5段階の評価法を用いた。すなわち、これらの尺度を用いて、流行に対して何を重視しているのかという度合いを該当する番号に○をつけさせた。

調査対象者が回答した37項目の質問に対する5段階の評価値をデータとし、over-allの因子分析（主因子法・バリマックス回転）を用いた[9]。

(2) 結果・考察

因子分析の結果、3つの因子を抽出した。ここでは寄与率が10.0以上の因子でなおかつ固有値が1.00以上のものを目安とした。それぞれの因子における寄与率と固有値は、第1因子が30.1と4.925、第2因子が19.4と2.130、第3因子が11.1と1.105であった。ちなみに第4因子は寄与率が9.4、固有値が0.941であった。

第1因子については以下のことが考えられた。

正の値が大きかった項目は、組み合わせ、バランス、色づかい、デザインの4項目であった。これらは主にファッションに関する項目からの考察のようにも考えられるが、デザインなどの重視は携帯電話やパソコンという情報収集に関する品目にも通じている。また、日常生活に関する項目に含まれた車などのデザインも含まれるであろう。バランスにしても服装のバランスもあれば、食のバランスも考えられる。

よって、この第1因子が意味する重要視されている4つの項目は、流行を受け入れようとする男子大学生のコーディネートである。すなわち、状況に対する柔軟さでもあり、汎用的である。他方、負の値が大きかった項目は、通勤用、大きさの2項目であった。通勤用はそれ自体が用途を限定してい

表3-6 流行を受け入れる者が重視する項目（因子分析結果）

質問項目	第1因子	第2因子	第3因子
組み合わせ	0.900	-0.031	0.265
バランス	0.864	-0.112	0.382
色づかい	0.834	-0.034	0.411
デザイン	0.700	-0.215	0.405
通勤用	-0.865	0.032	-0.112
大きさ	-0.702	-0.112	-0.285
流行	0.500	0.811	0.007
イメージ	0.486	0.796	0.415
話題の人	0.265	0.686	0.081
雑誌に載っている	0.118	0.656	-0.103
定番	0.326	-0.772	-0.403
あきがこない	0.114	-0.663	-0.311
無難である	0.386	-0.658	-0.456
アクセサリーのように	0.182	0.346	0.801
ゴージャスだ	0.274	0.412	0.680
オシャレである	0.563	0.405	0.677
変わっている	0.421	-0.01	0.654
機能性	-0.130	0.072	-0.809
耐久性	-0.263	0.081	-0.724
シンプルだ	-0.411	0.111	-0.651
TVでよく見る	0.356	0.565	-0.223
着心地	-0.113	-0.156	-0.411
持っていると自慢できる	0.456	0.324	0.298
色が好き	0.475	-0.172	0.365
上品さがある	0.112	-0.294	0.372
皆が持っている	-0.114	0.392	0.005
軽い	-0.385	-0.244	-0.007
ブランド名が有名	0.211	0.455	0.034
ブランドだから安心できる	0.314	0.507	0.108
今まで使い慣れているから	-0.411	-0.256	-0.008
価格が手頃	-0.215	0.200	-0.186
センスが良い	0.311	0.155	0.002
服に合う	0.156	0.247	-0.189
高価格	-0.211	0.256	-0.311
個性的である	0.324	-0.001	0.248
収納力がある	-0.311	0.156	-0.305
素材が好き	0.195	-0.115	-0.105
ネーミング	汎用―限定	変化―恒常	装飾―機能
寄与率（%）	30.1	19.4	11.1
固有値	4.925	2.130	1.105

る。大きさも，その大きさ自体が限定的である。そこで第1因子は「汎用」―「限定」と名づけた。

　第2因子については以下のことが考えられた。

　正の値が大きかった項目は，流行，イメージ，話題の人が持っている，雑誌に載っているの4項目であった。これらはまさに流行を重視しているのである。もともと流行を取り入れると回答した男子大学生であるので，根本的に流行を重要視していることが，この第2因子からわかる。そしてさまざまな流行という変化を重視していると考えられる。一方，負の値が大きかった項目は，定番，あきがこない，無難である。これらは定番であり変わらないことを示している。また，ずっとあることを意味している。時代を超えて使用できる要因をそなえている。よって，第2因子は「変化」―「恒常」と名づけた。

　第3因子については以下のことが考えられた。

　正の値が大きかった項目は，アクセサリーのように，ゴージャスだ，おしゃれである，変わっているの4項目であった。これらは感性に近いがアクセサリーにしても実用的ではないイメージである。これらは装飾的である。負の値が大きかった項目は，機能性，耐久性，シンプルだであった。これらの項目は非常に機能的である。よって，第3因子を「装飾」―「機能」と名づけた。

3. まとめと提言

(1)　数量化Ⅱ類により得られた，流行の受け入れに影響を与える項目を以下に示した。これらはレンジ0.60以上の項目である。
①ブランドに関するカテゴリー

　雑誌に掲載されれば受け入れる（雑誌），恋人にすすめられたら受け入れる（恋人），友人にすすめられたら受け入れる（友人），街で見かけたら受け入れる（街で），価格が納得できれば受け入れる（価格），人に自慢できそうなら受け入れる（自慢）の6項目であった。
②日常生活に関するカテゴリー

友人にすすめられたら受け入れる（友人），恋人にすすめられたら受け入れる（恋人），TVで見たら受け入れる（TV），新発売のものは受け入れる（新発売）の4項目であった。
③情報収集に関するカテゴリー

雑誌で見たら受け入れる（雑誌），恋人にすすめられたら受け入れる（恋人），友人にすすめられたら受け入れる（友人），口コミで聞いたら受け入れる（口コミ），機能性が充実していれば受け入れる（機能性），TVで見たら受け入れる（TV）の6項目であった。

それぞれのカテゴリーの中で他の項目にはないものを以下にまとめて，その項目の特徴と考えた。ブランドに関するカテゴリーでの特徴は価格と自慢であった。日常生活に関するカテゴリーでの特徴は，TVと新発売であった。情報収集に関するカテゴリーの特徴は，口コミで聞いたら受け入れる（口コミ）と機能性が充実していれば受け入れる（機能性）の2項目であった。情報収集に関するカテゴリーの中には，パソコンや携帯電話が含まれているので，情報を得るために雑誌と口コミでの評判も重要な要因であった。

上記のようにカテゴリーで分類した場合には，それぞれのカテゴリーの特徴にあった選択基準がある。ブランドに関するカテゴリーでは感覚や変化が基準となる。これは第2章の流行への期待とも結びつく結果である。すなわち，期待していることを満たしているからこそ，それが選択の基準となるのである。ここでは価格ということをあまり問題視されていないが，不況においての購買行動においては，価格も重要な要因であると推察される。この部分に関しては第4章への課題としておく。日常生活に関するカテゴリーの受け入れ基準において，付加価値やサービスが挙げられていた。これはおまけや値引きが現実的なところではないであろうか。情報に関するカテゴリーの中で遊びと学習の因子が特徴的であった。携帯電話の機能にしてもカメラがつき，インターネットができるのである。それらを習熟するのは学習である。しかし，携帯電話を用いて友人にメールをすることは遊ぶである。まさに，現在の情報ツールの特徴を現しており，男子大学生の気風にも合致した要因である。遊びと学習の両面のものは携帯電話だけではない。パソコンも同様である。ここに将来の期待は何かを探れば新しい機種への開発になるで

あろう。ちなみに携帯電話に期待する機能は2003年12月上旬のアンケート結果からは以下のようなものが挙げられた。充電をしなくてもソーラなどで動くもの，さらなる小型化，防犯ブザー付，音声によるメール入力，着信によりCDを聞くことが可能である機能などである。なお，この調査は大阪府の大学で200名対象（男子143名，女子55名，携帯を持っていない者2名である[2]。彼らの携帯電話での選択基準は，デザインや機能が価格を上回っていたことが特徴であった。また，メールに必要な金額は月額として7000円から10000円が一番多かったのである。このように，期待と基準はあい通じるものであるといういったんがうかがえたのではないであろうか。

(2) 流行に対する考え方に因子分析を行なった結果，得られた第1因子から第3因子までの命名をまとめると以下のようになる。

　　第1因子：「汎用」―「限定」，第2因子：「変化」―「恒常」，第3因子：「装飾」―「機能」

　流行に対する考え方に因子分析を行なった結果，得られた第2因子を「変化」―「恒常」と名づけたが，これは先の第2報において，男子大学生が流行に期待する要因に通じている。「ブランドに関するカテゴリー」に対しては，男子大学生の期待する要因として第2因子に「変化―恒常」の因子が得られ，「情報収集に関するカテゴリー」に対しても，同様に第2因子に「変化―恒常」の因子が得られた。期待する要因と重要視する要因の一致した点であると考える。また今後の課題として「恋人」や「友人」という対人の要因に関しては，それぞれの定義を明らかにしたうえで，男子大学生の流行を受け入れる時に，どのように影響を与えるのかという細かな分析が必要になる。それは場面や状況によっても，受け入れ方に違いがあるのか，それとも他の要因よりも強く対人関係として影響があるのかということも探求が必要である。

【注】
1) 辻幸恵「ブランド選択の基準―女子大学生とその母親がブランドのかばんを選択する場合―」，京都学園大学経営学部論集，Vol. 9，No. 3，2000年，47-72頁。
2) 辻幸恵「キャラクター商品に対する購入基準とその魅力の要因分析」京都学園大学経営学部論集，Vol. 11，No. 3，2002年，37-63頁。

第4章
消費者の購入心理
―流行への値ごろ感―

1. 不況時の購入心理

　本章の目的は調査対象である男子大学生が，身近な品目に対してどんな購買動機を持つか，またどのような値ごろ感を持っているのかを明らかにすることである。ただし値ごろ感とはある商品に対して適正価格である，あるいは納得できる価格であると感じる価格である。納得価格は個人によっても異なってはいるが，おそらくその商品に対する知識と，経験や生活環境など複数の要因から形成されるものである。

　本章では，流行に関心があると回答した男子大学生と流行にあまり関心がないと回答した男子大学生の両グループを調査対象者として比較した。流行関心度に対して自己評価を用いた理由は次のとおりである。他人と比べて自分の流行への関心度をどこに位置づけるかという自己概念が，購買動機や値ごろ感に影響を与えるという仮説を持ったからである。本テーマを設定したもうひとつの理由は，長く続いている不況が男子大学生たちの値ごろ感にどのような影響を及ぼしているのかにも関心をもったからである。また，企業は「価格破壊」，「価格創造」など，価格にまつわる戦略によって，顧客を得ようとしているからである[1]。この時期に男子大学生の値ごろ感を知るということは，不況の中での彼らの生活意識を知る糸口にもなると考えられる。さらには消費者側から見た商品の適正価格をメーカーが知ることにもなるであろう[2]。

　なお，本章でも調査対象とする商品に前章と同様に「ブランドに関するカ

テゴリー」,「日常生活に関するカテゴリー」そして「情報収集に関するカテゴリー」の3つに分類した品目を用いた。

2. 流行への関心と購入理由,値ごろ感との関係

2.1 調査方法
(1) 予備調査
1）目的

　予備調査目的は,男子大学生が不況であると一般的に言われている現状を,どのように感じているのか,または感じているとしたら,何に対して,どのように具体的に感じているのかを知り,後段の本調査の資料とすることにある。本調査との違いは,ここでは主に自由記述によって,大学生の生の声を集めた。予備調査をするもう一つの意味は,この段階で前章とあまりに傾向が異なるようであれば,たとえば,流行に関心のある大学生が0に近い状態であったり,ほしい商品にブランドのものやパソコンといった情報機器が含まれない状態であるならば,前章までの品目やカテゴリーが使用できないと判断できるので,本調査に入るまでに確認が必要であると考えた。また,ここで得られた生の声が,本調査において,より明確な回答を得られる糸口になると考えたからである。

2）方法

　兵庫県を調査地域とした。流行をしている商品を買うときには,何を基準に買うのか,何を重視して買うのか,何を感じたら買うのか等について自由記述をさせた。調査対象は兵庫県に在住している男子大学生77人で,私立大学の経済学部あるいは経営学部に在籍中である。授業内において,具体的な質問としては,「現在を不況の時代と感じますか」「もしも不況でなければ,何か買いたいものはありますか」などの質問をした。現在,不況と感じると回答した者は62人であった。不況でなければほしいものとしては,1位が車,2位がノートパソコン,3位がブランドのスーツとなった。「今後も不況は続くと思いますか」という質問に対しては,2,3年はこのままであろうと予測したものが76人で,ほとんどのものは不況が続くと感じていた。

次に，一般的にどちらかといえば「流行に関心がある」と回答をした者が46人，「流行にあまり関心がない」と回答をした者が31人であった。ここでの流行に関心がある，なしは自己報告である。すなわち，質問紙にあらかじめ「あなたは流行に関心がある，あるいはどちらかといえば関心がある方だと自分で思いますか」あるいは「流行には関心がない，あるいはどちらかと言えば関心がないと思いますか」と問い，この2つの質問に対して調査対象者自身がいずれかに○をつけて判断した結果を用いた。すなわち，流行に関心があるか，否かの2つの質問を調査対象者におこなった。この2つの質問によって，各自が自分を流行に関心があるか否かを自己評価した。

　調査期間は2003年2月中旬とした。調査方法は集合調査法を用いた。身近な品目には，先にあげた3つの分類である「ブランド」「日常生活」「情報収集」のそれぞれのカテゴリーの中で，6つずつを例示した。ブランドに関するカテゴリーは洋服，ジーパン，Tシャツ，バッグ，コロン，アクセサリーとした。これらは主にファッションに関するものである。日常生活に関するカテゴリーは酒類，飲料水，菓子，ラーメン，弁当，外食とした。これらは食を中心としているが，主にコンビニエンスストアで手に入るものを想定した。情報収集に関するカテゴリーはTV，CM，パソコン，音楽，雑誌，携帯電話とした。これらは情報源として考えられるものである。ここでのTVというのは，ドラマ，ニュース，バラエティ，スポーツ，教養，天気予報などの番組自体のことである。スカパーなどではこれらの番組を定期視聴するために購入可能である。またTVドラマのビデオ，DVDなどはここに含んでいる。CMはTV新聞，雑誌の広告はもちろん，その他，駅看板，チラシ，ダイレクトメールまでも含む広い意味での広告である。音楽は，ヒットチャート，ランキング，CDの新曲発売，CDアルバム発売，歌手のコンサート（チケット）などの情報を含む。ただし，ここでは楽器自体の新製品の情報は含んではいない。上記の商品のうち，買うもしくは見たり，取り入れたりするとしたら，どのような状態の時に，あるいは場面の時に買うもしくは見たり，取り入れたりしようと思うのか，あるいはどのような状況になったらそのように思うのかといういわゆる判断基準やその理由を自由に記述させた。

3）結果

　調査の結果，調査対象である男子大学生の平均年齢は20.8歳（SD＝1.28）であった。

　不況を感じている男子大学生は約81％，不況を感じていない男子大学生は約19％となった。また，不況ではないとしたら，流行に関心をもてそうですか？という質問には，「流行にあまり関心がない」と回答をした者31人中23人が，不況ではないならば，流行に関心がもてるかもしれないという回答をした。また，どんなときに不況を感じるかという質問の回答には，専門店のバーゲンに人がいかなくなったこと，繁華街での空き店舗が目立つこと，イベントに人が集まらなくなったこと，郊外型モールなどで平日に人がいないことなどが挙げられた。また，特別なバーゲン（阪神タイガースの優勝セールなど）のイベントには人が集まるが，通常のバーゲンに人がいないこと，

表4-1　予備調査から得られた大学生の買う理由

カテゴリー	流行に関心がある大学生	流行に関心がない大学生
ブランド	2割高めでも新製品ならば 高くても流行のものならば 惹かれたならば 自慢できそうならば 街で見かけたならば 好きなブランドならば 話題のブランドならば	バーゲンならば 大学で皆が着るようになれば デート等必要ならば 同じ服がまずいならば 納得した価格ならば 自分自身に似合っている服ならば 無難そうならば
日常生活	TVのCMで見たならば 友人にすすめられたならば コンビニ等で新発売ならば 雑誌で商品が取り上げられたならば 話題の商品ならば 新製品というならば 少し高くても，新しいものならば	いつもの店にあるならば 手軽ならば 安いならば よく見かけるならば 値段が手ごろならば お得ならば 見切り品でもつかえそうならば
情報収集	メーカーの新製品ならば 専門誌に紹介されたならば 他よりも機能が優れているならば インターネットで見たならば マニアの間で話題になったならば 割高でも特徴的ならば 自慢できるならば	定期購読している雑誌に載ったならば 所持者に薦められたならば 口コミで良い評判ならば 世間的に有名になったならば TVのCMで見たならば 壊れたならば 安いならば

ボーナスが下がるというニュースを聞いたときなどが挙げられた。

次に，3つに分類した中での各商品を買うとしたら，どのような状態の時に，あるいは場面の時に買おうと思うのか，あるいはどのような状況になったら買おうと思うのかをたずねた。これらは複数回答であるが，それぞれのカテゴリーごとに多かったもの上位10ずつをとり，表4-1にまとめた。表4-1の理由に関しては次の手順でまとめた。最初に自由記述の中から同じような意味のものを取り出す。それらをある理由で代表させる。たとえば，表中の2割という言葉は20％あるいは，2割増し，2割くらいという言葉などは同じ意味と考えて筆者がまとめた。状況においてもたとえば，5割高めでも買うという者は2割ならば買うわけであるから，2割で代表させた。なお，同順位があるので，表4-1には各項目が14ずつ示されている。表4-1に記載した以外の理由には，たとえば，ブランドに関するカテゴリーの中では，「新製品でも1割高くなると買えない」，「誰も知らないコアなブランドのうちならば，値段など関係なく買う」などの回答が得られた。まとめな

表4-2　本調査の質問項目（表4-1の追加分）

ブランドに関するカテゴリーについて　（16質問）
色が気に入ったならば，デザインが良いならば，ロゴが気に入ったならば，個性的ならば，素材がよいならば，格好よいならば，自分らしさを表現するならば，時代の空気にマッチしているならば，着心地がよいならば，シンプルならば，ライフスタイルに合うならば，豪華ならば，安いならば，レトロチックなものならば，プレミアならば，新しいブランドならば
日常生活に関するカテゴリーについて　（16質問）
テイストが気にいったならば，サイズがよいならば，パッケージが良いならば，低カロリーならば，おまけがあるならば，新しいコンセプトがあるならば，期待にそっていそうならば，おもしろそうならば，シンプルならば，豪華ならば，無難そうならば，こだわりがあるならば，役立ちそうならば，調理のスピードが速いならば，試食試飲があるならば，買って自慢できそうならば
情報収集に関するカテゴリーについて　（16質問）
メーカーの新製品ならば，多機能であるならば，楽しいそうであるならば，こっているならば，豪華ならば，シンプルならば，無難そうでならば，自分を表現できそうならば，癒してくれそうならば，役立ちそうならば，満足に使えるならば，スピードが速いならば，高価でも格好よいならば，高価でも自慢できるものならば，いつもよりもその時に安いならば，バーゲンで買い得ならば

注）表4-1に掲載した質問については除いている。

かった場合の買う理由の元数はブランドに関するカテゴリーでは64，日常生活に関するカテゴリーでは58，情報収集に関するカテゴリーでは32というそれぞれの回答数が得られた。

(2) **本調査**

1）方法

　調査地域は兵庫県，大阪府，京都府を調査地域とした。調査対象はこれらの地域に在住している男子大学生550人で，そのうち回収された人数は441人，回収率は80.2％であった。調査対象とした男子大学生は，私立大学の経済学部，経営学部，法学部，文学部に在籍中である。記述もれ，回答ミスを除いたので，「流行に関心がある」男子大学生は283人，平均年齢20.5歳（SD＝1.32）となった。一方，「流行にあまり関心がない」男子大学生は141人平均年齢21.2歳（SD＝1.38）となった。なお，「流行に関心がある」，「流行に関心がない」という分類は調査対象者自身に，自分がどちらであるのかということを判断させた。よって，自分自身への各自調査対象者の評価である。質問としては「あなたは自分自身，流行にどちらかといえば，関心がある方だと思いまか。あるいは，あまり関心がない方だとおもいますか」という問いである。これに回答は「ある」（どちらかといえばあるを含む），「ない」（どちらかといえばないを含む）とした。調査期間は2003年4月中旬とした。調査方法は集合調査法を用いた。以降，本研究では「流行に関心がある」グループを高関心群，「流行にあまり関心がない」グループを低関心群と呼ぶ。ここでは自分がどちらかであるということを自己評価により分類させた。

2）質問内容

①フェイスシートでの質問

　①年齢，②居住地，③通学時間，④通学方法（バス，電車，バイク，車など），⑤アルバイトをしているか，していないか，⑥1週間の外出頻度，⑦大学内でのクラブ・サークル入会状況，⑧1日のTV視聴時間，⑨1カ月の雑誌の購読冊数，⑩恋人の有無（恋人の定義としては，2人きりでのデートがある。お互いに特定の異性であると認識があることを前提として回答するように指示をした）。

②金額を明示する質問

　ブランドに関するカテゴリーは洋服，ジーパン，Tシャツ，バッグ，コロン，アクセサリーのそれぞれの品目ごとに，もしもその商品が流行をしている商品であるとしたら，どの程度の金額なら購入しょうと思うかを尋ねた。日常生活に関するカテゴリーの酒類，飲料水，菓子，ラーメン，弁当，外食，情報収集に関するカテゴリーのTV，CM，パソコン，音楽，雑誌，携帯電話に対しても同様の質問をした。

③価格に対する感性を問う質問

　価格に対する質問は主に，予備調査から得られた自由記述の回答をもとに作成した。基本的には表4-1に示した質問になる。たとえばブランドに関するカテゴリーであれば，「2割高めでも新製品であるならば」買うという予備調査の結果から，「あなたは2割高めでも新製品であるならば買いますか？」という質問となる。表4-1には各カテゴリーが流行に関心がある大学生から予備調査で得られた回答が7つ，流行に関心がない大学生から得られた回答が7つずつ例示されている。よって，1つのカテゴリーは全部で14の質問となる。これらの質問は，購入時の条件に関する質問である。このほか商品の特性に関する質問として，従来からの研究で用いた質問項目（第2章表2-1参照）と，表4-1以外の予備調査からひろった質問をそれぞれ16ずつ加え，これを表4-2に示した。よって，各カテゴリーに対する質問はそれぞれ30となった。

3）尺度

　本研究では1：まったく思わない，2：ややそう思わない，3：どちらでもない，4：ややそう思う，5：たいへんそう思うの5段階の評価法を用いた。これらの尺度を用いて，該当する番号に○をつけさせた。たとえば，「あなたは2割高めでも新製品であるならば買いますか？」という質問に対して，買う気持ちがあるならば，1から5までの尺度のうちの4か5に○をつけることになる。

2.2 分析方法

(1) 単純集計,平均,検定

単純集計した後,平均を算出する。そして,流行に対して高関心群と低関心群との間で t 検定をおこない,回答に有意な差があった質問項目を見つける。

(2) 因子分析

上記データおよび質問を用いて主因子法による因子分析をおこなった。バリマックス回転を用いた。データとは調査者が回答した1から5までの数値である。質問とはたとえば「あなたは2割高めでも新製品であるならば買いますか?」という予備調査をもとにして作成された項目で,表4-1と表4-2に示したものである。本章でも前章と同様に「ブランドに関するカテゴリー」,「日常生活に関するカテゴリー」そして「情報収集に関するカテゴリー」の3つに分類した品目を用いた。ここではそれぞれに対して因子分析を実施し,合計3回の因子分析をした。

表4-3 フェイスシート10項目の比較

質問	関心のある者(高関心群)	関心のない者(低関心群)	有意差
平均年齢	20.5歳	21.2歳	
居住地	大阪51%,兵庫26%,京都23%	大阪48%,兵庫28%,京都24%	
通学時間	平均65分	平均60分	
通学方法	多い順に,電車,バス	多い順に,電車,バス	
アルバイト	有65%無35%	有60%無40%	
外出頻度	週平均5.5日	週平均4.2日	*
クラブ他	68%	45%	**
視聴時間	120分	70分	*
購読雑誌	3.5冊	1.5冊	*
恋人	有60%	有30%	**

2.3 結果

(1) フェイスシートと金額を明示する質問に対する回答結果とその考察

①フェイスシートの項目に関して,高関心群と低関心群との比較を,平均値を算出しておこなった(表4-3)。その結果,有意差が見られた質問は,外出頻度,クラブ・同好会・ボランティアなどの参加率,TVの視聴時間,購

読雑誌数，恋人の有無という5つであった。これら5つの質問すべてにおいて，高関心群の方が多い結果となった。すなわち外出頻度も高く，クラブ・同好会・ボランティアをおこなっている者も多い。TVの視聴時間も多く，購読雑誌数も多く，恋人がいる者も多い結果となった。

②購入してもよいと思う金額の平均値を表4-4に示したが，特にブランドに関するカテゴリーの品目すべてに有意差が見られた。一方，日常生活に関するカテゴリーでは外食のみ，情報収集に関するカテゴリーでもパソコンのみにそれぞれ5％の有意差を得ただけである。これらの結果によると，ブランドに関するカテゴリーに関しては，高関心群が低関心群よりも，6つの品目すべてにおいて，購入してもよいと考える価格が高かった。お金をかけてもよいと考えているのである。その他の日常生活品（飲料水，菓子，弁当）には，ほとんど差がない結果となった。

表4-4　流行への関心度による価格差

群の分類	品目	高関心群 平均値	SD	低関心群 平均値	SD	両群比較 t値	有意差
ブランド	洋服	45000	3.67	10000	3.98	22.56	＊＊
	ジーパン	15000	2.01	5000	3.02	5.96	＊
	Tシャツ	10000	2.03	3000	1.59	5.97	＊
	バッグ	40000	2.35	6000	4.67	12.57	＊＊
	コロン	8000	2.34	1000	2.85	17.55	＊＊
	アクセサリー	23000	4.12	2000	4.46	16.54	＊＊
日常生活	酒類	2000	1.66	2000	1.78	0.55	
	飲料水	500	1.58	480	1.34	1.34	
	菓子	300	1.98	320	2.44	1.05	
	ラーメン	300	1.56	290	1.48	1.21	
	弁当	480	1.59	500	1.39	0.45	
	外食	3000	4.67	1200	3.02	7.88	＊
情報収集	パソコン	216800	1.98	167000	2.07	6.89	＊
	音楽	3000	2.09	3200	1.45	0.82	
	雑誌	1000	1.45	800	1.29	1.46	
	携帯電話	5000	2.02	4580	2.43	1.34	

注1）TVとCMはよく見るあるいはよく覚えているという質問であるので，ここでは金額を問うたわけではない。よって上記表には含まれていない。
注2）＊$p<.0.05$，＊＊$p<.0.0$

(2) 因子分析の結果

分析結果を表4-5に示した。表4-5にバリマックス回転後の各項目の因子負荷量が0.65以上の数値をもったものを中心に第1因子から順にまとめた。以下にそれぞれの項目別に結果と考察を示す。

表4-5　因子分析の結果（主成分解，バリマックス回転後の因子負荷量）

(1) 流行に関心のある男子大学生の場合 N = 283

ブランドに関する項目

質問項目	1因子	2因子	3因子	共通性
こだわりの因子				
自分らしさを表現	.799	.122	−.232	.744
個性的ならば	.700	.062	.076	.640
好きなブランドなら	.688	.134	.157	.635
惹かれたら	.657	−.084	.055	.601
ライフスタイルに合う	.652	−.034	.129	.594
高額を認める因子				
高くても流行のもの	.025	.832	−.038	.766
新製品なら2割高め	−.207	.801	−.402	.708
自慢できそうなら	−.002	.665	.043	.588
物性重視の因子				
デザインが良い	.312	.088	.765	.711
ロゴが気に入る	.087	−.200	.714	.684
色が気に入る	−.138	.370	.688	.623
素材がよい	.565	−.178	.662	.564
寄与率	20.30	18.89	11.24	50.43

日常生活に関する項目

質問項目	1因子	2因子	3因子	4因子	共通性
安価を求める因子					
安ければ買う	.859	−.332	−.032	−.445	.788
値段が手ごろなら	.765	−.012	.037	.436	.740
お得ならば買う	.701	.174	−.187	−.112	.678
おまけがあるなら	.667	.042	−.258	−.468	.588
物性重視の因子					
テイストがよい	.568	.837	.346	.529	.776
サイズがよい	.505	.722	.008	−.211	.686
無難そうならば	−.372	.668	.502	.069	.606
低カロリーならば	.422	.652	−.194	.201	.584
シンプルならば	−.010	.650	.325	−.031	.581

第4章 消費者の購入心理　63

便利を求める因子					
役立ちそうなら	−.073	.260	.689	.084	.640
調理スピード速い	−.188	−.578	.668	.003	.623
手軽ならば	.065	.348	.650	−.522	.568
手近さの因子					
よく見かけるなら	.143	−0.24	−.088	.670	.654
いつもの店にある	−.002	.060	−.358	.660	.588
寄与率	18.45	15.23	14.36	10.22	58.26

情報収集に関する項目

質問項目	1因子	2因子	3因子	共通性
高額を認める因子				
メーカーの新製品	.812	−.422	−.032	.754
割高でも特徴的	.708	−.202	−.176	.638
高価でも格好良い	.687	.037	−.108	.624
高価でも自慢できる	.662	.414	.185	.581
便利を求める因子				
役立ちそうなら	−.332	.744	−.229	.698
スピードが速い	−.502	.732	−.188	.666
満足に使える	.007	.650	.340	.588
豪華さの因子				
豪華ならば	.392	−.465	.683	.628
こっているならば	.312	−.088	.655	.560
寄与率	20.02	17.83	12.26	50.11

（2）流行にあまり関心のない男子大学生の場合N＝141

ブランドに関する項目

質問項目	1因子	2因子	3因子	共通性
必要性の因子				
デート等必要だから	.701	−.423	.542	.720
同じ服はまずいから	.690	−.603	−.032	.622
好きなブランドなら	.688	.134	.157	.535
安価を認める因子				
安ければ買ってみる	.005	.856	.128	.742
納得した価格ならば	.102	.782	.112	.658
自慢できそうなら	−.002	.685	−.009	.553
同調の因子				
街でみかけたなら	.510	−.328	.695	.601
無難そうで皆が知る	−.033	.490	.660	.574
話題のブランドなら	−.315	.570	.658	.572
寄与率	19.78	19.03	12.89	51.70

日常生活に関する項目

質問項目	1因子	2因子	共通性
安価を求める因子			
お得ならば買う	.844	.015	.708
値段が手ごろなら	.700	-.012	.632
安ければ買う	.668	-.009	.608
同調の因子			
無難そうならば	-.372	.668	.611
友人にすすめたなら	-.128	.662	.598
いつも買う店にある	.008	.658	.531
手軽ならば	.045	.650	.528
寄与率	34.52	13.49	48.01

情報収集に関する項目

質問項目	1因子	2因子	共通性
安価を求める因子			
バーゲンで買い得	.754	-.132	.634
安ければ買う	.668	.511	.601
無難そうならば	.655	.037	.589
便利を求める因子			
役立ちそうなら	-.433	.724	.694
多機能である	-.011	.675	.662
満足に使える	-.002	.658	.582
寄与率	30.19	20.00	50.19

(1) 流行に関心のある男子大学生の場合

1) ブランドに関するカテゴリー

　因子分析の結果，3つの因子を抽出した。それぞれの因子の寄与率は，第1因子が20.30，第2因子が18.89，第3因子が11.24であった。ちなみに第4因子は寄与率が9.2であった。

　第1因子には，「自分らしさを表現するならば」(.799)，「個性的ならば」(.700)，「好きなブランドなら」(.688)，「惹かれたら」(.652)，「ライフスタイルに合うならば」(.652) 買うという理由の項目が高い正の負荷を示した。これらの5つの項目は，自分の評価を中心としている。そこで，第1因子を「個性的」の因子と名づけた。

　第2因子には「高くても流行のもの」(.832)，「新製品ならば2割高めでもよい」(.801)，「自慢できそうならば」(.665) 買うという理由の項目が高

い正の負荷を示した。これらの3つの項目は値段が高くでも，それなりに自分が評価できるものであるならば買う，すなわち高額であることに理解を示していると考えられる。そこで，第2因子を「高額容認」因子と名づけた。

　第3因子には，「デザインが良いならば」（.799），「ロゴが気に入ったならば」（.700），「色が気に入ったならば」（.688），「素材がよいならば」（.652）買うという理由の項目が高い正の負荷を示した。これらの4つの項目は，その商品の特性である。そこで，第3因子を「商品特性」の因子と名づけた。

2）日常生活に関するカテゴリー

　因子分析の結果，抽出した因子の寄与率は，第1因子が18.45，第2因子が15.23，第3因子が14.36，第4因子が10.22であった。ちなみに第5因子は寄与率が7.3であった。

　第1因子には，「安いならば」（.859），「値段が手ごろならば」（.765），「お得ならば」（.701），「おまけがあるならば」（.667）買うという理由の項目が高い正の負荷を示した。これらの4つの項目は，安価もしくはその値段に納得できるかどうかである。これらの4つの項目は，いわば経済的には合理的な消費者である。また，不況での影響で，安い値段ですまそうとしているのかもしれない。そこで，第1因子を「安価志向」因子と名づけた。

　第2因子には「テイストがよいならば」（.837），「サイズがよいならば」（.722），「無難そうならば」（.668），「低カロリーならば」（.652）「シンプルならば」（.650）買うという合理性を理由とする項目が高い正の負荷を示した。そこで，第2因子を「合理性重視」の因子と名づけた。

　第3因子には，「役立ちそうならば」（.689），「調理のスピードが速いならば」（.668），「手軽ならば」（.650）買うという理由の項目が高い正の負荷を示した。これらの3つの項目は，その商品が便利ですぐに食べられるということである。そこで，第3因子を「便利志向」因子と名づけた。

　第4因子には「よく見かけるならば」（.670），「いつもの店にあるならば」（.660）買うという理由の項目が高い正の負荷を示した。これらの2つの項目は，特に捜すこともなく，その商品がすでにいつもの店にあるということを意味している。身近にあるもので済ますということであろう。そこで，第4因子を「手近さ」の因子と名づけた。

3）情報収集に関するカテゴリー

　因子分析の結果，3つの因子を抽出した。それぞれの因子の寄与率は，第1因子が20.02，第2因子が17.83，第3因子が12.26であった。ちなみに第4因子は寄与率が7.2であった。

　第1因子には，「メーカーの新製品ならば」(.812)，「割高でも特徴的ならば」(.708)，「高価でも格好よいならば」(.687)，「高価でも自慢できるならば」(.662) 買うという理由の項目が高い正の負荷を示した。これらの4つの項目は，値段が高くでも自分が気に入っているメーカーの新製品や割高でもその機能を含めて特徴があるならばよいとしていることから，第1因子を「高額容認」因子と名づけた。

　第2因子には「役立ちそうならば」(.744)，「スピードが速いならば」(.732)，「満足に使えるならば」(.650) 買うという理由の項目が高い正の負荷を示した。これらの3つの項目は機能の便利さを意味していると考え「機能重視」因子と名づけた。

　第3因子には「豪華ならば」(.683)，「こっているならば」(.655) 買うという理由の項目が高い正の負荷を示し，そのままに「豪華さ」の因子と名づけた。

(2) 流行にあまり関心のない男子大学生の場合

1）ブランドに関するカテゴリー

　因子分析の結果，3つの因子を抽出した。それぞれの因子の寄与率は，第1因子が19.78第2因子が19.03，第3因子が12.89であった。ちなみに第4因子は寄与率が9.7であった。

　第1因子には，「デート等に必要だから」(.701)，「同じ服はまずいから」(.690)，「好きなブランドなら」(.688) 買うという理由の項目が高い正の負荷を示した。「デートでは自分らしくありたいので，できれば好きなブランドで流行のジーパンを買いたい」という意見もみられたので，ここでは「必要」ということを重視して，「必要性」の因子と名づけた。

　第2因子には「安いならば」(.856)，「納得した価格ならば」(.782)，「自慢できそうならば」(.685) 買うという理由の項目が高い正の負荷を示した。そこで，第2因子を「安価志向」因子と名づけた。

第３因子には,「街でみかけたならば」(.695),「無難そうならば」(.660),「話題のブランドならば」(.658), 買うという理由の項目が高い正の負荷を示した。これらの３つの項目は, 他者が持っているからほしいという同調の意識があると考えた。そこで, 第３因子を「同調」の因子と名づけた。

２）日常生活に関するカテゴリー

因子分析の結果, ２つの因子を抽出した。それぞれの因子の寄与率は, 第１因子が34.52, 第２因子が13.49であった。ちなみに第３因子は寄与率が9.9であった。

第１因子には,「お得ならば」(.844),「値段が手ごろなら」(.700),「安いならば」(.668)という理由の項目が高い正の負荷を示した。これらの３つの項目は, 安価もしくはその得ができるかどうでである。そこで「安価志向」因子と名づけた。

第２因子には「無難そうならば」(.668),「友人にすすめられたら」(.662),「いつもの店にあるならば」(.658),「手軽ならば」(.650) 買うという理由の項目が高い正の負荷を示した。これらの４つの項目は無難であったり, 他人の意見をよく聞いている。そこで, 第２因子を「同調」の因子と名づけた。

３）情報収集に関するカテゴリー

因子分析の結果, ２つの因子を抽出した。それぞれの因子の寄与率は, 第１因子が30.1, 第２因子が20.00であった。ちなみに第３因子は寄与率が8.8であった。

第１因子には,「バーゲンで買い得ならば」(.754),「安いならば」(.668),「無難そうならば」(.655) 買うという理由の項目が高い正の負荷を示した。このことから, 第１因子を「安価志向」因子と名づけた。

第２因子には「役立ちそうならば」(.724),「多機能であるならば」(.675),「満足に使えるならば」(.658) 買うという理由の項目が高い正の負荷を示した。そこで第２因子を「便利重視」因子と名づけた。

3. 因子分析結果からの考察

　因子分析の結果を表4-5にまとめた。この表から流行に関心のある大学生は，ブランドに関するカテゴリーの中で例示した商品を買う場合は，個性を発揮するこだわりを見せ，優れた特性があれば高額でも買うことを示している。このあたりに，流行の商品が売れる本質があるのではないであろうか。一方，流行にあまり関心のない男子大学生は個性や商品特性に依存しない。また，日常生活に関するカテゴリーでは流行に関心のある大学生は，「合理性重視」，「便利志向」，「手近さ」など自己の基準を所持したが，流行にあまり関心のない男子大学生は同調するのみであった。情報収集に関するカテゴリーについても，流行に関心のある男子大学生は，ある物にこだわったり，個人的な意見や好みがはっきりしている。流行にあまり関心のない大学生は不況の現状では価格の安いもので安直に済ませようとする傾向があると考えられる。

　以上を値ごろ感からまとめなおすと，流行に関心がある男子大学生はブランドに関するカテゴリーと情報収集に関するカテゴリーにおいては，流行に関心がない男子大学生よりも高い金額の値ごろ感を有していることがわかった。一方，日常用品については両者とも安価を求めていることがわかった。すなわち，流行に関心がある男子大学生は，ブランドに関するカテゴリーと情報収集に関するカテゴリーでは，特に不況の現在においても，高額を認める要因が第1因子となり，少々高くでもかまわないという値ごろ感が見られた。一方，食を主とした日常品では少しでも安価を求める男子大学生共有の価値観が伺えた。このように値ごろ感は，その商品によって異なるが，高額でもよい商品と少しでも安価なほうがよいと考える商品の2極化しており，何にお金をかけなくてもよいかと考えているのかが明確になった。

4. 両グループの特質（考察）

　流行に関心のある男子大学生は，流行に関心のない男子大学生に比べ，日

常行動においては次の違いがある。外出を多くし，クラブ等に多く参加し，テレビを長く見て，購入雑誌が多く，恋人がおり，ブランド品に金をかける。

また，購買行動においては，次に違いがある。流行に関心のある男子大学生はブランドについては自己が発揮でき，商品特徴が明確ならば，高額でもいとわない。情報収集に関するカテゴリーでは，機能や豪華さに優れれば，やはり出費をいとわない。

5. まとめと提言

1）フェイスシートと金額に対する傾向

　流行に関心がある男子大学生とあまり関心のない男子大学生を比較した結果，有意差が見られた項目は，外出頻度，クラブ・同好会・ボランティアなどの参加率，TVの視聴時間，購読雑誌数，恋人の有無という5項目で，流行に関心のある男子大学生たちの方が多い結果となった。また，購入してもよいと思う金額の平均値は，ブランドに関するカテゴリーに有意差が見られたが，日常生活に関するカテゴリーでは外食のみ，情報収集に関するカテゴリーでもパソコンのみにそれぞれ5％の有意差を得ただけであった。また流行に関心のある男子大学生の方が，ブランドに関するカテゴリーにはお金をかけてよいと考えていることがわかった。

2）因子分析によって，ブランドに関するカテゴリー，日常用品に関するカテゴリー，情報収集に関するカテゴリーがどのような特徴があるのかを分析した結果，以下のとおりになった。

流行に関心のある男子大学生の場合

	第1因子	第2因子	第3因子	第4因子
ブランドに関するカテゴリー：	「こだわり」	「高額を認める」	「物性重視」	
日常用品に関するカテゴリー：	「安価を求める」	「物性重視」	「便利を求める」	「手近さ」
情報収集に関するカテゴリー：	「高額を認める」	「便利を求める」	「豪華さ」	

流行にあまり関心のない男子大学生の場合

	第1因子	第2因子	第3因子
ブランドに関するカテゴリー：	「必要性」	「安価を求める」	「同調」
日常生活に関するカテゴリー：	「安価を求める」	「同調」	
情報収集に関するカテゴリー：	「安価を求める」	「便利を求める」	

　以上をまとめると，流行に関心のある男子大学生は，特に不況の現在においても，高額を認める要因が第1因子となり，少々，高くてもかまわないという価値観が見られた。また，一方，ラーメン，弁当を含む食を主にした日常品では少しでも安価を求める男子大学生の価値観が伺えた。このように，男子大学生の値ごろ感は，その商品によって異なるが，どちらかといえば，2極化しており，何にお金をかけてよいと考えているのかが明確になった。また，流行に関心のある男子大学生とあまり流行には関心のない男子大学生との値ごろ感や，商品を買う理由の要因などに異なりを見出すことができた。

　ここでの問題点は，仮説として，不況における状況下に限定しているところである。次なる課題は不況でなければ，という景気の問題を超えたニーズと不況であるがゆえの選択との差を明確にすることであろう。

　その一例として，低関心群においては，3つの項目すべてに安価志向の因子が含まれた。何においても安さを求めているが，はたして，これが好景気の折でも，そうであろうか。もちろん，先行研究において主婦などは日常品（トイレットペーパーなど）を少しでも安価なものを選択するという報告[3]もあるので，男子大学生が安価志向であったとしてもおかしい結果ではない。また，不況のときには価格観においても価格の2極化がすすみ，ブランドをはじめとする流行などは高価格を認められ，日常的な消耗品は安価志向になるといわれている。このように先行研究のおける結果と本研究の傾向は，2極化という点においては一致する。本研究でこの説が実証された。しかし，ブランドに関する項目内のすべての品目が，安価志向であるのであろうか。この点はブランドのとらえ方によって異なっている。たとえば，ユニクロをブランドと定義した場合は，安価志向になるであろう。ファッションブランドの範囲とブランドの定義によって，安価志向であるかどうか，あるいはそ

のようなもの以外の高級ブランドにおいても，種類によっては安価志向になるのか否かは今後の課題であろう。このように景気に対する判断や選択基準を明確にすることは，男子大学生おいている基本的な価値を知る糸口となる。これは心理学においても経営学においても関心を持つ課題である。そして男子大学生においては，流行に関心があると回答した者においても，ブランドに関する項目や情報収集に関するカテゴリーには，高額を認めていたが，食を中心とした日常生活品にはあまりお金をかけなくてもかまわないという傾向を見られた。多くの男子大学生は食には関心がないのであろうか。しかし，ちまたでは行列のできるラーメンやという外食をはじめ，食に関する話題は多い。また，同じ質問を女子大学生にした場合，食が健康やダイエットと直結しているので，どのような値ごろ感を有しているのかも興味のある点であり，今後の課題と考える。

【注】
1) 上田隆穂編『ケースで学ぶ価格戦略・入門』有斐閣，2003年，5頁。
「歴史的にみて，多くの企業が熾烈な価格競争に巻き込まれ，厳しい状況に陥っている。しかしながら，その激しい価格競争のなかで勝ち抜くか，あるいは巻き込まれずして孤高を保ち，確固たる地位を築いている企業もある」(p.12)。
2) 高見俊一『次世代ファッションビジネス』繊研新聞社，2000年，225頁。
3) 岡嶋隆三編『新しい社会へのマーケティング』嵯峨野書院，1996年，267頁。

第5章
流行と心理
―流行と定番の間でゆれる購入心理―

1. 流行の定義とライフサイクル

1.1 流行の定義

　「流行」という言葉はよく聞かれる言葉である。流行おくれ，流行好きなどのようにも使われている。流行とは身近な言葉なのである。広辞苑には，流行とは「①流れ行くこと。②急にある現象が世間一般にひろくゆきわたること。特に，衣服・化粧・思想などの様式が一時的にひろく行なわれること。はやり。③（芭蕉の用語）不易流行（ふえきりゅうこう）」と定義されている。流行のイメージとしては，②のある現象がひろくゆきわたることが近いのではないであろうか。もう少し詳しく流行に関して述べた川本は，流行の特質を次のように5つにまとめている[1]。①最近のものであり，なんらかの意味で目新しい様式，②一時的で「はかないもの」である，③その時々の社会的・文化的背景を反映している，④瑣末性，⑤一定の規模を持っているということである。なお，瑣末性とはささいなことであるが，たとえば車のマイナーチェンジや，女性の洋服のAラインやHラインといったものを思い浮かべるとよいであろう。

　さて，私たちは，何らかの形で流行をいつの間にか認知している。流行を知る糸口はメディアであったり，口コミであったり，その形態はさまざまではあるが，他者からの情報として受け入れるのである。ジンメルは，人々が，流行を採用するのは，他の人の行為を模倣し，社会に順応しようとする「同調性への欲求」と同時に，新しいものを採用し，周囲の人と区別したい

と願う「差別化の欲求」の拮抗のダイナミズムであるととらえた[2]。そこに流行の成立と存続の理由を認めている。まさに流行は，流れ行くものであり，情報という流れにのるものであろう。

1.2 流行とプロダクト・ライフサイクル

　本章の目的は，なぜ人々は流行しているものを好んで購入するのか，一方，流行ではない定番のものを購入するのか，その両者の関係はどうなのかをデータを用いて明らかにすることである。経営学用語辞典によると，「定番とは流行にかかわりなく，毎年一定の需要が保たれている基本型の商品のことで，たとえば，白のワイシャツ，白のブラウスなどがあげられる。」とある。これらのいつでもある商品のことを定番商品とも言うのである。

　流行と定番の位置関係は，商品のライフサイクル[3]によると，導入→流行→定番→衰退になっており，流行のあとに定番がやってくるのである（図5-1）。もちろんこれらは，商品が正当な評価を受けて，世にでて，一連の時間の流れと共に，ライフサイクルに乗った場合のみである。つまり，導入部分で失敗をした商品は消えていってしまうのである。また，導入部分では非常に売れても，流行にならない類のものもある。いわゆる「おたく」と呼ばれる人々のマニアのコレクションは，流行にならない可能性が大きいのであ

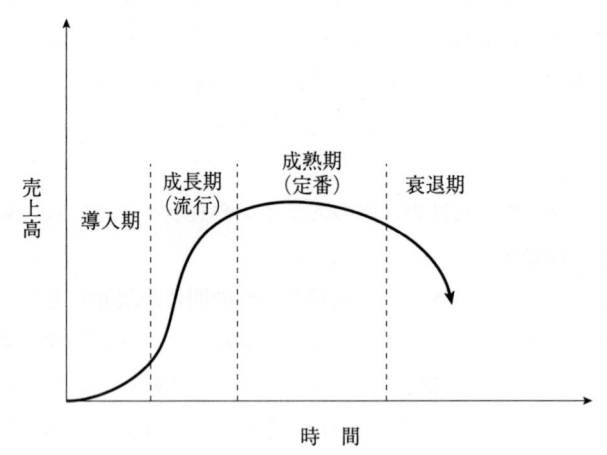

図5-1　プロダクト・ライフサイクル

る。たとえば，東京を中心として注目をあびた「ゴスロリ」ファッションは，インターネットを駆使して，全国的に名前は有名になったが，流行という波まではつくれなかったのである。なお，流行や定番に対しては，具体的にどのようなことを感じているのかは，次節からの調査概要から，イメージが沸くであろう。

2. 流行と定番のイメージとその商品

　調査の目的は，調査対象者である大学生が流行や定番に何を感じているのかを知るためである。ここでは大学生にターゲットを絞ったが，それはある年代が感じていることを明確にしたかったからである。

　調査対象は大学生 108人（男子55人，女子53人）であった。彼らはすべて大阪府の大学に在籍しており，経済学部，経営学部，工学部，文学部のいずれかに所属をしている大学生である。平均年齢は男子19.5歳（SD＝1.38），女子19.2歳（SD＝1.44）で多くの者は2回生であった。

　調査期間は2003年2月上旬から3月上旬まで，方法は質問票を配布し，集団調査法を用いた。ここでは具体的な回答を知るために調査を実施した。質問内容は表5-1にまとめた。

　調査の結果，フェイスシートの部分では以下のとおりになった。通学時間の平均は約50分であった。居住地は大阪府が約58％，兵庫県が約23％，京都府が12％となり，滋賀県が3％であとはその他となった。その他の中には奈良県，岡山県が含まれた。居住形態としては自宅が80％を占めた。月のこづかいの平均は2万8千円，アルバイトは75％の者が何らかの状況でしていた。TVの視聴時間の平均は75分，雑誌購入数の平均は2.5冊，インターネットの使用時間の平均は43分であった。これは最低は0分，最高は5時間という大きな幅の回答を得た。

　次に流行と定番に関するイメージとそれぞれ想起する商品はまとめて表5-2に示した。ここでは，回答の多かったもの20を選んだ。同順位があるので，表5-2中には20以上の回答がある。流行のイメージには，目立つ，ファッションという回答が多く，次に華やかな感じや豪華な感じが続いた。

表5-1　予備調査での質問内容（抜粋）

①あなた自身について尋ねます。
性別：男・女　年齢：（　）歳，（　）回生，通学時間：約（　）時間（　）分，
居住地：大阪府，京都府，兵庫県，滋賀県，その他（　　　），住居：自宅　下宿
月のこづかい　約（　　　　　）万円くらい，アルバイト：している　していない
TV の視聴時間：約（　　　）時間（　　　）分くらい，雑誌購入数：月（　　　）冊くらい
インターネットの使用時間：約（　　　）時間（　　　）分くらい　等
②あなたは流行の商品に関心がありますか。はい，いいえ
その理由（　　　　　　　　　　　　　　）
③あなたは大学に着て行く服を購入する場合，今ならば流行と定番のどちらの服を買いますか。　流行，　定番　その理由（　　　　　　　　　　　　　　　　）
④誕生日やクリスマスにギフトをする場合，流行しているものかどうかは気になりますか。　はい，いいえ
「はい」の人にどの程度気になりますか　やや気になる　かなり気になる　一番気にする
「いいえ」の人に気にならない理由は　（　　　　　　　　　　　　　　　　　　　）
⑤流行という言葉で思い浮かべる商品は何ですか　⑥流行という言葉のイメージは何ですか
⑦定番という言葉で思い浮かべる商品は何ですか　⑧定番という言葉のイメージは何ですか

表5-2　流行と定番に関するイメージと想起する商品

●流行のイメージ
目立つ，ファッション，華やかな感じ，豪華な感じ，シンプル，上品，奇抜，ユニーク，ちゃらちゃらしている，ブランド，けばい，女子大学生，OL，個性的，儲かる，粋，すぐに消える，楽しい，話題性，価格が高い，下品，商品価値が高い，カジュアル等

●流行と聞いて想起する商品
DVD，ブランドバッグ，ブランドの洋服，パソコン，CD，雑貨品，靴（ブーツ），車，バイク，ギター，化粧品，コンビニの食品，飲料水，食玩，ゲームソフト，映画，ドラマ，ネイルアート，ダイエット商品，中高生が鞄にぶらさげているキーホルダー等

●定番のイメージ
かたい，無難，失敗がない，常備，シニア，高級，上品，落ち着いた感じ，常識，平凡，庶民的，しっとりした感じ，あきがこない，習慣的，素材がよい，丈夫である，日本的，みんなが持っている，みんなが知っている，安心，安全，失敗がない，レトロ，保守的等

●定番と聞いて想起する商品
フォーマルドレス，スーツ，背広，家具，住宅，冷蔵庫，学生服，食堂のメニュー，お茶，携帯電話，教科書，ルイ・ヴィトンのバッグ，コーヒー，サラリーマンの新聞，学習机，文具，化粧品，日常品（トイレットペーパーなど），ティファニーのペンダント，皿等

どちらかといえば，明るい，派手な感じにとらえられていると考えられる。また，女子大学生や OL というように女子に特化するイメージがあった。しかし，現実的には女子大学生や OL よりも，むしろ女子中学生や女子高校生

が，流行の発信源としてとらえられていることが多い。流行から想起する商品にはハイテクにかかわるモノとファッションに関わるモノが混在していた。これらの中身は若者らしく自分の身の回りの商品が挙げられていた。一方，定番のイメージは，かたい，無難，失敗がない，常備というように全体的に保守的な落ち着いた感じにとらえられていると考えられる。また，シニアというように年寄りというイメージもある。定番から想起する商品には，家具や住宅をはじめ，一生のうちにいくつも買うようなものではなく，購入回数の少ないもの，あるいはあまり買い替えないものが挙げられた。

調査の結果については，なるべく生の声を届けたいので，回答されたそのままの言葉を用いるように心がけた。

3. 購入心理

3.1 購入心理の段階性

購入心理というと，簡単にいえば，購入するときの気持ちである。購入心理と購買行動をつなぐ行為として図5-2にその関係を示した。図5-2によると，認知の段階では，商品に対して知っているか，知らないかの2つのパターンしかありえない。そこから，自分にとっては必要なものであるのか，あるいは自分がほしいのかということを判断する。これがニーズ，欲求になる。しかし，知る・知らないという原始的なレベルでは，それがどういう商品で，どのような性能をもち，どのような価値があるのかは，まだ定かではない。何となく便利そうだ，何となくほしいなという感じである。この段階では，何となくというあいまいな感じが強いから，記憶にはメモリーされていたとしても，忘れていることもある。どうしてもその商品がほしいという強い要望とまでは言い切れないからである。しかしある程度の興味や関心は抱くのである。

認知　ニーズ　欲求 認知：商品認知 ニーズ：個人の消費形態 欲求：購入心理　意識	→	購入意識（心理） 情報収集 価格比較 製品比較（品質・性能）	→	広義の購買行動 試す（試飲・試食・試着） 購入する 使用する（消費する）

図5-2　購入心理と購買行動

そこで，少しでもその商品に興味・関心をもったものは次の購入意識への段階にすすむのである。ここでは，主に情報収集をおこなう。その情報とは商品の性能，機能，品質であったり，価格であったりするばかりではなく，プレミアであるとか限定品であるというような，その商品に付随した価値までも含めている。つまり，その商品がどのように自分に役立つのかを検討していくのである。不況の現在では，よけいにこのように慎重に考える消費者が増えている。何でもいいから，買ってみようではすまないのである。

購入意識の段階の次が，広義の購買行動である。広義という意味は図5-2内に示したように，試すという行為が含まれているからである。試すということは，その時点の判断で購入しない可能性も出てくる。試着などがこの中では一番イメージがわく行為であろう。購入した後は，その商品を消費したり使用したりすることになる。そこで，購入した商品が気に入れば，リピーターとしてまたその商品を購入する機会がある。企業としてはこのリピーターという顧客をいかに増やすかを検討しているのである。

ちなみに，東京ディズニーランドのリピーターは，他の同じような施設と比較して圧倒的に多いのである。リピーターはその商品やそのサービス・施設のファンになり，やがてそこからロイヤリティが生じてくるのである。ロイヤリティを感じる顧客にとっての商品は，定番商品になる。たとえば，ルイ・ヴィトンは流行のイメージ中にも定番のイメージの中にも両者に名前があがったブランドであった。これは，ルイ・ヴィトンが流行して，売れているという認識と，老舗であるという2つの認識のためである。まさに，古くて新しいブランドといえよう。老舗のブランドもその区切りごとに新作と呼ばれる商品を市場に展開する。これは，その年の流行をふんだんに取り入れて，まさしく最先端である。しかし，ルイ・ヴィトンのように世界の6大スーパーブランドになるとその知名度は高く，多くの人々の知るところである。そこにはそのブランドの歴史がある。したがって，ブランドの新製品や，話題性を重視する人は，ブランドを流行だと思い，ファッションの歴史などを知る人はブランドを老舗という意味で，定番であると言えよう。

3.2 欲求分類と購入心理

　さて，心理の段階には「欲求階層説」がある。これは簡単に説明すると図5-3のようになる。ここでは非常にシンプルに必要最小限の図示である。たとえば，一次的欲求は生理的欲求でもある。ここには，空腹感をおぼえたら何か食べたい，眠くなったら寝たいという生存のための原始的な欲求がある。次に，二次的欲求の中には図5-3に示したように，所属・愛情をはじめ，達成などの経験や学習による社会的な欲求が芽生えてくるのである。この二次的欲求の中で，今回，特に問題となる流行や定番はどこにかかわるのかというと，所属と愛情の欲求・自尊欲求・自己実現欲求などになると考えられる。たとえば，中学生や高校生が仲間うちでキーホルダーなどをおそろいにする行動は，所属の欲求である。あるファッションをすることによって仲間意識を感じることも同様であろう。それはその所属するグループに同調しているのである。仲間でありたいと思っているのである。自尊欲求は，自尊心と考えればわかりやすいであろう。たとえば，ブランドバッグの購入理由の中には，必ず「自慢できるから」という理由が見られる[4]。これは自尊心と深い関わりがある。また，自分らしさを求めたり，自己表現においても流行あるいは定番の商品に関わりが深い。たとえば，自分らしさを強く求めた場合，自分に似合う洋服，あるいは似合う色・デザインがある。その場合，世間的に流行しているデザイン・色にあわないとなれば，いつもの自分の服ということで定番を選択することになるであろう。

　購入しようとする場合に，自己の心理状態がどうなのかによって，その選択基準は異なってくる。同時にどのような場面でその商品を活用するかでも，選択基準は異なってくるのである。たとえば冠婚葬祭ならば，フォーマルな装いがよいと判断した場合，多くは定番な洋服を選択するであろう。ま

一次的欲求（生理的欲求）
↓
二次的欲求（承認・所属・愛情・達成・金銭などへの欲求）
（経験や学習を通じて獲得した社会的な欲求が主となる）
↓
所属と愛情の欲求・自尊欲求・自己実現欲求　←　流行 or 定番

図5-3　欲求階層と流行・定番との関係

た，大学生のコンパなどのくだけた場所では，目立つようなデザインであったり，流行の洋服を選択するであろう。よって，欲求，心理状態以外には，場面も考慮されながら，人々は流行と定番を使いわけて生活しているのである。

3.3 選択基準と購買行動

購買行動にも心理状態と同様に段階が見られる。たとえばAIDMA（アイドマ）理論によると購買行動には5つの段階がある。それを表5-3に示した。最初の段階（表5-3の①）では，雑誌のつり広告に気がつく程度である。これは何かなと注意を引くのである。多くの企業は注意をひくために広告をしている。そして広告の効果については，ナーバスにとらえているが，現在においてその指標を数値で統一的に表示されたものはない。今後の研究課題のひとつであろう。次に②興味をひく段階になる。これは関心があるかないかによるものである。政治に関心が普段からあれば，政治のニュースに注意を払い，関心をもって接するのであるが，関心がなければ，なかなか興味がわかないものである。ここで企業としては，興味をわかせるために，キャッチコピーを作ったり，イベントをうつことによって，消費者の気持ちを喚起するのである。この①と②の心理的な作用は，企業からのアプローチ次第である。よって，流行をつくりだすとしたら，この部分で，どのようなターゲットに焦点をあてて，企業としては商品を売りこんでいくかが，キーワードになるのである。これはまさしく「外」からの刺激といえよう。一方，③欲求，④記憶連想，⑤行動の3つの段階は，むしろ自己内部の話である。ほしいと思うのは自分の価値観に合っているからであろうし，また，それをどの程度，記憶するのかということも個人差がある。買うという行動に

表5-3 購買行動の段階（AIDMA理論）

事象	→	心理・行動の状態
①雑誌のつり広告に気づく	→	注意 Attention
②話題のニュースに興味を示す	→	興味 Interest
③内容をもっと知りたくなる	→	欲求 Desire
④雑誌の名前を記憶する	→	記憶連想 Memory
⑤売店で雑誌を買う	→	行動 Action

おいても，買える状況であるか否かは個人差がある。まさに「内」なる刺激といえよう。

　他の例として購買行動に関する段階性をといたものを，もうひとつ挙げておく。購買意思決定プロセスである。これも5つの段階からなる。①問題認識，②情報検索行動，③情報評価行動，④購買決定，⑤購買後評価である。これも先のAIDMA（アイドマ）理論によく似た構成の段階をふむ。もちろん，購買行動と心理とを考えた場合，このような段階的に購買への気持ちが高まることは容易に理解できよう。しかしながら，購買行動そのものにおいても，いろいろなパターンが存在するのである。少し分類をしてみると，以下のように分けることが可能となる。

計画行動：予定ブランド商品を購入する。これは経済人として，合理的な消費者として理想的な購買行動のひとつである。計画性をもっての購買行動である。ここではほしいという気持ちを自覚している，対象商品も明確で，その商品に対する情報も豊富である。

ブランド選択：商品カテゴリーレベルの購入予定に従って購入することである。ここでも明快な意識が存在している。ブランドを認知している。

ブランド変更：購入予定ブランドを変更して，購入することである。ここでも明快な意識が存在している。ブランドを認知している。また変更ということから2つ以上のブランド比較をおこなう能力もある。

想起購買：店頭で必要性を思い出し，購入することである。記憶の再生である。本来はいつか購入しようという計画があったが，たまたま忘れていたことを想起するのである。それは店頭で，その商品を見かけたり，チラシを見たりということで思い出すのである。

関連購買：他の購入商品との関連で必要性を感じ，購入することである。これが必要ならば，同時にこれも使うというような関連性もある。ストーブを使うならばマッチも必要であるという類である。

条件購買：価格などの条件により，購入することである。バーゲンなどでの購買はこの条件購買が多い。すなわち，本来はほしいという自覚

があるにもかかわらず，条件（価格や商品サイズ）があわないので，差し控えていた物が，バーゲンなどで安価になったり，新製品でサイズの変更があると購買に及ぶ。

衝動購買：新奇性や衝動により，商品を購入することである。本来はあまり良い購買行動とは見られていなかった。しかし，衝動とはいえ，その商品の必要性を深層部分で認めていたからこそ，その商品価値を瞬時に判断できるのである。よって，衝動的というよりも深層部分のニーズによって，普段から情報などは蓄積されていたと考えるべきである。

4. 流行を認める心理

先の調査結果として，「あなたは衣服を購入する時に流行を気にしますか」という問いに対して，流行を気にすると言った人数のパーセンテージは，女子大学生：61.3％，男子大学生：26.5％，女子大学生の母親：60.2％，男子大学生の母親：58.6％となった。母親たちの平均年齢は46.3歳であった。すなわち，女子大学生も母親も衣服購入時に流行を気にする人は約6割であった。これは年齢差がないということである。一方，男子大学生は衣服を購入するときは流行をあまり気にしていないという結果となった。流行を衣服ということに限定しないで，次に流行に何を求めているのかを調べる。

調査の目的は，調査対象者である大学生が流行に何を求めているのかを知るためである。調査対象は大学生334人（男子125人，女子209人）であった。彼らは，経済学部，経営学部，人間文化学部，文学部，法学部のいずれかに所属をしている大学生である。平均年齢は男子20.1歳（SD＝1.44），女子20.5歳（SD＝1.32）であった。

調査期間は2003年4月中旬から5月下旬まで，方法は質問票を配布し，集団調査法を用いた。ここでは流行をどんな形で認めるのかを知るために予備調査を実施した。具体的な質問内容は表5－4に例示した。なお，フェイスシートの部分は基本的には表5－1に示したものと変わらないので，ここでは質問内容の部分のみを抜粋した。ここでは5点尺度で回答を得た。1：

表5-4 流行を認める状況と心理

場所・状況に関する質問項目例

あなたは冠婚葬祭のときに流行している服を着たいと思いますか。以下は後半部分を削除
コンパのときに，大学の授業に行くときに，クラブ活動・サークルに行くときに，クラブなどでの合宿にいくときに，仲間とゲレンデにいくときに，両親と旅行するときに，親戚の家にいくときに，仲のよい友人の家に遊びに行くときに，繁華街に行くときに，病院に友人を見舞いに行くときに，病院に恩師を見舞いに行くときに　　　等

対人に関する質問項目

あなたは流行を取り入れるときにどこから，あるいは誰の意見を聞きますか。
同性の友人，異性の友人，同性の先輩，異性の先輩，同性の後輩，異性の後輩，ガールフレンド（ボーイフレンド），恋人，母親，父親，兄弟（姉妹），祖父母，不特定多数の人（一般的に世間で言われていたら）

気持ちに関する項目

あなたが流行をとりいれたくなる気持ちはどんなものでしょうか。
自慢したいから，自尊心が満たされる，自分らしさを表現できる，自己満足のために，不安を解消したいから，自信を持ちたいから，笑われたくないから，仲間はずれが嫌だから，ダサい人だと思われたくないから，自分のためのご褒美のようなもの，自己高揚

表5-5 各回答の平均値

場所・状況に関する項目		流行の取り入れ相手		取り入れたくなる気持ち	
冠婚葬祭	1.10	同性の友人	3.55	自慢したい	4.00
コンパ	4.81	異性の友人	3.70	自尊心	2.08
大学・授業	3.25	同性の先輩	3.60	自分らしさ	2.50
クラブ・サークル	3.32	異性の先輩	3.85	自己満足	2.12
クラブ合宿	4.25	同性の後輩	3.70	不安解消	3.01
仲間ゲレンデ	4.00	異性の後輩	3.68	自身をもつ	3.20
両親と旅行	1.42	GF／BF	4.00	笑われたくない	3.60
親戚の家	2.00	恋人	4.30	仲間はずれ	3.80
友人の家	3.58	母親	1.25	ダサい人	3.85
繁華街	3.95	父親	1.10	ご褒美	3.04
見舞い（友人）	1.16	兄弟（姉妹）	3.24	自己高揚	2.83
見舞い（恩師）	1.14	祖父母	1.01		
		不特定多数	3.01		

まったくそう思わない，2：ややそうとは思わない，3：どちらでもない，4：ややそう思う，5：つよくそう思うの5つである。回答はいずれかの数字に○を付けてもらった。表5-5にそれぞれの平均値を示した。

　場所・状況に関する質問項目例については，平均値が高かった項目はコン

パ（4.81），クラブの合宿（4.25），仲間とゲレンデ（4.00），繁華街（3.95）の順番となった。これらの場所・状況においては流行のものを欲していると考えられる。一方，冠婚葬祭（1.10），見舞い（友人）（1.16と（恩師）1.14）の2つは数値が低く，それらに関しては流行を取り入れる必要性が低いと考えていることがわかった。

対人に関する質問項目からは，誰にということでの1位は恋人（4.30）であった。すなわち，誰かに直接的に言われるとしたら，恋人に言われたら，流行を取り入れるということになった。次いで，ボーイフレンド（ガールフレンド）（4.00），異性の先輩（3.85）という順番となった。一方，両親（1.25と1.10），祖父母（1.01）などは平均値が低く，彼らの言うことにはほとんど耳を貸さないということが明らかになった。

気持ちに関する項目からは，自慢したいから（4.00），ダサい人（3.85）だと思われたくないから，仲間はずれが嫌だから（3.80）が高い順位となった。流行を取り入れることによって，他者へ自慢したい，他者から仲間はずれになりたくないという差別化と同調の両者が入り混じった気持ちがうかがえた。一方，自己満足（2.12）や自尊心（2.08）は低い平均値となった。よって，流行を考えるときは他者との関係が重視されると考えられる。

次に，先の調査結果の流行のイメージから得られた回答を参考にし，さらに中川が採用したファッション尺度5)を取り入れて，形容詞・形容動詞を中心とした質問項目を45作成した（表5-6）。これらに対しても上記の1～5までの当てはまる箇所に〇を付けてもらった。その結果の数値をデータとして主因子法による因子分析を用いた。そこから3つの因子が得られた。これらは流行を認める心理の要因として位置づけられる。なお，ここでは目安と

表5-6　流行を認めるか否かを測定する質問項目

持っていると自慢できる，デザインが好き，色が好き，価格が手頃，丈夫である，あきがこない，センスがよい，素材が好き，上品さがある，服にあう，サイズがよい，みんなが持っている，おしゃれだ，シンプルだ，豪華だ，無難だ，ブランドだ，高価格，目立つ，安心できる，個性的，積極的，消極的，変わっている，使い慣れている，新しい，新鮮である，雑誌に載っている，話題性がある，綺麗だ，粋な感じがする，広告を見た，口コミでの評価が高い，話題性がある，よく見かける，楽しい，おもしろい，奇抜だ，かわいい，珍しい，使ってみたい，印象深い，心に残る，記憶しやすい，親しみやすい

表5-7　因子分析結果

符号	第1因子		第2因子		第3因子	
+	自慢できる	0.87	広告を見た	0.75	印象深い	0.74
	目立つ	0.78	口コミでの評価	0.70	心に残る	0.72
	個性的	0.68	よく見かける	0.65	楽しい	0.68
	無難だ	0.75	珍しい	0.80	あきがこない	0.78
−	消極的	0.72	奇抜だ	0.68	服にあう	0.66
					使い慣れている	0.65
寄与率（累積）	18.9		15.8 (34.7)		10.4 (45.1)	

して寄与率が10%以上のものでなおかつ固有値が1.00以上のものを解釈の対象とした。

寄与率は第1因子18.9，第2因子15.8，第3因子10.4となった。次に各因子ごとに因子負荷量の高い項目をあげて，それぞれの因子を命名した。ここでは目安として0.65以上のもののみを対象とした。

第1因子は自慢できる，目立つ，個性的という項目から「自慢」の因子と名づけた。第2因子は広告を見た，口コミでの評価が高い，よく見かけるという項目から「広告」の因子と名づけた。第3因子は印象深い，心に残る，楽しい，おもしろいという項目から「心に残る」因子と名づけた。このことから，流行を認める心理の要因としては，「自慢」の因子，「広告」の因子，「心に残る」因子の3つの因子が重要であると考えられる。

なお，先行研究から，流行を認知する若者の特徴は次の5つであることがわかっている。①アルバイトを含め，外出頻度が高い，②公共の交通機関の使用度が高い，③インターネット，メールを毎日する（情報），④友人が多い，⑤財力があるの5つである。

5. 流行の創造（企業の戦略）

5.1 心理と広告

大学生に心に残る広告は何かという質問をした。たとえば，CMキャッチコピーでは「お前の話はつまらん」，画像の面からは「映像が美しい」ものが心に残るという回答が多かった。「お前の話はつまらん」という広告は，

その言葉が流行語になった。バージョンアップして，大学内では「お前の話はわからん」などという授業批判にも使用された。企業側としては，インパクトの強い広告によって，消費者の心に残るキャッチをつくりたいと願っている。そしてそれが商品購入と結びつくことを期待している。しかし，強烈すぎるキャッチや人材は，広告したい商品を超えてひとり歩きをしてしまうことがある。今回の「お前の話はつまらん」は流行したが，それを採用した商品が流行したかといえば，そうではないからである。サントリーという企業は毎年，広告方面の賞をとるほど，すばらしい広告を作成する。問題はそれが売上と直結しているか否かであろう。

　次に心に残る広告として意味の面からは「ストーリー性」が挙げられた。少し前になるがグリコのポッキーの4姉妹の物語等が例示される。なお，企業の広告宣伝活動にはさまざまな方略がある。たとえば，その中には広報（PR），広告（AD），販売促進（SP）が含まれる。広報は文字どおりであり，プレス・リレーション，製品パブリシティ，コーポレート・コミュニケーション，ロビー活動が含まれる。広告はCM，ダイレクトメール，キャンペーンが含まれる。販売促進には値引きや店内ポップ，陳列，セールスマンの活動が含まれる。

5.2　多様化現象

　多様化現象が言われてから，少なくとも10年以上は年月がたっている。これはひとりの人間の中でニーズとシーズがたくさん存在することを意味している。つまり，ある時には流行を取り入れる。ある時には，定番で無難にするのである。このようにひとりの人間の中でも多様化が浸透している現在においては，多くの人々が一斉に同じ方向をむく，あるいは同じ商品を追いかけるということが，たいへん難しいように考えられている。このことを理由に多くの企業はヒット商品の少なさをなげいているのである。ちなみに2002年のヒット商品を以下にあげてみた。1位：ワールドカップ関連グッズ，2位：マイナスイオングッズ，3位：アブトロニック，4位：ハリーポッター，5位：リニューアル，6位：マスカラ，7位：中国茶，8位：洗濯機，9位：食玩，10位：おにぎりであった。

ではある時は流行で，ある時は定番であるということを決定する要因は何かというと，それは①それを用いる状況（シーン），②その日の気分，③社会規範である。このうち，①状況と③社会規範については，先の調査結果から知見を得ている。②その日の気分もつきつめれば，その日，どういう予定があるのかという場所と状況が結びついて気分に影響することもあるであろう。また，その日が曇り空であれば気がめいるというように天候，気温にも関係してくるかもしれないのである。

6. 流行と定番の中でゆれる心理

流行と定番の要素では先の結果をふまえると，流行を認める心理の要因としては，「自慢」の因子，「広告」の因子，「心に残る」因子の3つの因子が重要であると考えられた。定番では「安心できる」「安全」「信頼」「信用」という要因が先行研究からも得られている。どちらの方がよいのか判断に迷うときもある。たとえば，母親たちの同窓会はどうであろうか。状況は同窓会である。その日の気分の中には，なつかしいという気持ちがあるであろうし，楽しみという気持ちもあると推察できる。しかし，卒業をしてから何年も経過しているとしたら，派手な流行の服よりも年相応な服が社会規範にも合致しているのではないかと思うであろう。一方，せっかく昔の仲間と会うのに，年寄りじみた服ではいやだ，今でも流行を取り入れていることをわかってほしいと思うであろう。

どちらを採用するかの決定打はない。そこには，その時々の判断がある。ここで忘れてはならないのは，流行を認める要因と定番を求める心の問題ではなく，場面や状況に対する判断である。これは社会規範からの制約が大きい。今後の課題としては，流行か定番かを考えるときに，その受け入れ時における社会規範に対する思いの調査であろう。社会規範を重んじる人々は定番を好むのであろうか，そのあたりの調査が必要であろう。

流行と定番の中でゆれることは，いわば社会規範の中での判断と，他者と自己との関係とのバランスである。自分が他者から差別化の手段として，流行を取り入れた場合，自慢するという因子になるであろう。定番を選択した

場合，安心，安全というのは，無難ということであり，他者からの批判を避ける手段にもなりうる。また，仲間はずれにならないという同調の意識の現われとなるであろう。いずれにしても，Simmelが理論化したとおり，流行と定番はまさに差別化と同調との関係に近いものがある。そして，どちらかを単純に選択できるという社会ではなく，個人がニーズとシーズに対して多様化した社会なのである。そこに生きるためには，常に流行と定番を使いわけながら，生活していく必要性があると考えられる。

7. まとめと提言

1）流行のイメージには，明るい，派手な感じであった。女子に特化するイメージがあった。流行から想起する商品にはハイテクにかかわるモノとファッションに関わるモノが混在していた。定番のイメージは，保守的な落ち着いた感じであった。年寄りというイメージもある。定番から想起する商品には，家具や住宅をはじめ，一生のうちにいくつも買うようなものではなく，購入回数の少ないもの，あるいはあまり買い替えないものが挙げられた。

2）流行を意識する場所・状況に関しては「コンパ」「仲間とゲレンデ」「繁華街」へ行く時が高く，冠婚葬祭や病院への見舞いの場では低かった。流行の受け入れ相手としては恋人やガールフレンド（ボーイフレンド）の意見が優先され，両親，祖父母の意見は無視される。流行を取り入れたくなる気持ちとしては「自慢したい」「仲間はずれになりたくない」「ダサイ人と思われたくない」があげられた。

3）流行を認める心理の要因としては，「自慢」の因子，「広告」の因子，「心に残る」因子の3つの因子が重要であると考えられる。定番では「安心できる」「安全」「信頼」「信用」という要因があげられた。

4）流行の創造には企業の戦略としての広告は欠かせない存在である。また，一般的には多様化現象がそのまま，個人のニーズやシーズに対する多様化と結びついている。

5）流行と定番の中でゆれることは，いわば社会規範の中での判断と，他者

と自己との関係とのバランスである。

　今後は定番と流行のバランスをとることが企業（メーカー）にもとめられることではないであろうか。消費者の行動はどちらにも合理性をもっている。そして定番にも流行にもそれぞれの満足や不満があるはずである。これらのことをマーケティングでは顧客満足として研究している。要因分析から「満足―不満」という感性の分析へと今後は定性調査も必要であろう。

【注】
1) 川本勝『流行の社会心理』勁草書房，1981年，1-2頁。
2) Simmel, G., "Fashion" in D. N. Levine ed., *Georg Simmel on Individuality and Social Forms*, 1971. 円子修平訳「流行」『ジンメル著作集7　文化の哲学』白水社，1976年，33-34頁。
3) 金森久雄・荒憲治郎・森口親司編『経済辞典』有斐閣，1971年，718頁。「ライフサイクル：人（あるいは家族）の一生をさまざまの局面や段階の推移・循環として捉えたことばで，生活周期と訳される。経済学にも応用され，異時点間にわたる経済生活における消費・貯蓄行動の仮説はライフサイクル仮説と呼ばれるほか，製品や産業における成長・衰退過程にもこの用語が用いられ，プロダクト・ライフサイクル，産業ライフサイクルなどという。」
4) 井手幸恵『ブランドと日本人―被服におけるマーケティングと消費者行動―』白桃書房，136頁，1998年。女子就労者のブランド鞄に対する要因分析の中で，因子分析を用いた結果，第1因子には「変わっている」「ゴージャス」「アクセサリー」「個性的である」がポジティブな要因として挙げられた。第2因子には「持っていると自慢できる」「話題の人が持っている」「TVでよく見る」が挙げられた。このように，自慢できるということはブランドの鞄を持つにあたっては重要な要因のひとつとなる。また，流行している商品についても同様に，自慢という要因が重きをなすのである。
5) 中川早苗「被服心理学研究会の研究活動―女子大生のファッション意識・行動に関する調査―」繊維機械学会誌，Vol. 45, No. 11, 1992年, pp. 7-16。

第 II 部

第6章
顧客満足と消費者行動

1. 序説

　従来からマーケティングにおける最終目的は消費者に満足を与え利益を得ることであると考えられている。マーケティングという考えを簡単に理解するために販売，すなわちセリングという考え方と対比することが行われてきている。それらを対比したものが図6-1である。セリングの発想の起点は工場であるのに対して，マーケティングでは市場を起点としている。次に企業が焦点としている点がセリングでは商品であるの対し，マーケティングでは消費者のニーズにある。そして最終目的がセリングでは売上に基づく利益に対し，マーケティングでは消費者のニーズを満たすことによって得られる消費者の満足，すなわち顧客満足に基づく利益を得ることを最終目的にしている。セリングは既存の商品をどう販売するかを考えていることに対して，

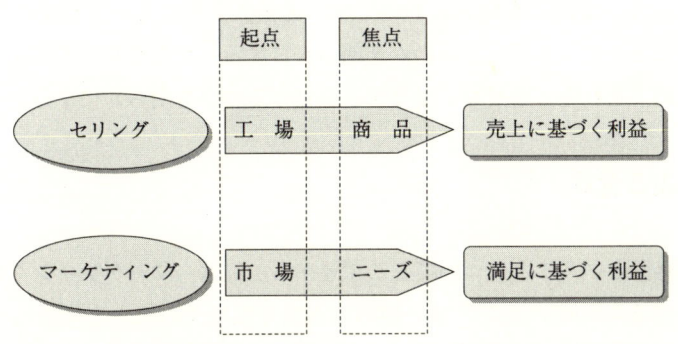

図6-1　セリングとマーケティング

マーケティングにおいては商品をどう販売するのではなく，どのようにすれば販売できる商品を作ることができるかを考えているのである。そのためには消費者のニーズを知ることが必要になる。そして，それを満たすことにより得られる満足，顧客満足を得ることにより利益がついてくると考えられている。しかしながら，企業としては満足を提供しているだけでよいのであろうか。現在，あらゆる企業でお客様第一主義といった同様のテーマを掲げているのを目にすることができる。満足を提供しているだけで競争企業に勝てることができるのであろうか。そこで，本章では，顧客満足に変わる考え方として顧客感動という考え方を提案している。

　本章における目的は，男子大学生の商品に対する購入要因を解明し，そこから顧客感動をどのように構築するのかを提案することである。そこで，本章では男子大学生を対象に予備調査および本調査を行っている。予備調査では男子大学生に限定せず女子大学生をも対象にし，実際にどのような場面，つまりどのような状況において感動したのかについて具体例を調査した。本調査では男子大学生を対象とし，何に魅力を感じて商品を購入しているのかを具体的に調査している。それらの調査結果から本研究の目的を明らかにしている。男子大学生の感性に関すること，いわば心理を解明することは，心理学の分野が従来の研究で試みたことである。しかしながら，現在はこれらの研究結果を用いて，具体的に商品開発に役立てる段階にはなっていない。そこで本研究では購買行動に結びつく心理とは何かを追求することとする。男子大学生の考え方や購入要因を知ることはニーズの解明に役立つことになるであろう。また，本研究においては，男子大学生にとって商品の重要性が，何によって，なぜ起こるのかを明らかにする。すなわち，商品をどのように認め，それらになぜロイヤリティを感じるのかを明らかにする。

2. 定義と背景

　顧客感動ということについてここで述べる。従来，マーケティングの目的として考えられていたことは，顧客の満足を実現することと考えられてきた。顧客満足の満足とはその商品に対してのみの対価との関係がイコールの

上で成り立つ。顧客満足とは，すなわち1000円の商品を提供して，顧客が1000円の価値だと認めて購入する場合である。ここには社名も企業も関係がないのである。商品と顧客との関係になってしまう。他方，顧客感動は企業が消費者に対して提案するもので，企業から消費者へのメッセージでもある。また，企業のアイデンティティとも関わってくる問題でもある。しかしこれはCI（コーポレートアイデンティティ）とは異なる。過去において企業が行ったCIは社名の変更，ロゴマークの変更，コーポレートカラーの変更，イメージキャラクターの変更，キャッチフレーズの変更などという社外イメージの向上，すなわち企業の表面上の変更であるといえる。

本研究でいう顧客感動は，それを提供する企業の姿勢であり，サービスの一環である。そしてその感動が上記のモデルの一要因になるのではないかという提案である。なぜならば，商品の種類やそれらを含むカテゴリーをこえたところに感動をおけば，基本モデルの要因として使用が可能になるからである。

従来，企業経営はいかにして顧客に満足感を与えるかということを中心に据えて活動がおこなわれてきた。また多くの提案も顧客満足という観点からなされてきた。たとえば，マーケティング学者のフィリップ・コトラーは「マーケティングとは，顧客の満足を実現すること」であると定義している。加えて，経営学者のピーター・ドラッカーは「お客様がお金を払うのは，その製品に対してではなく，満足に対してである」と述べている。このようなことからも，従来のマーケティングがいかに顧客に対して満足を与えるかということを中心に経営を考え，それらを実践してきたのかを物語っている。

しかしながら，はたして消費者は，顧客満足を受け入れてきたのであろうか。たとえば，日本における外食産業に着目してみよう。ここで外食産業を取り上げた理由として，外食産業の多くが顧客満足という理念を掲げているからである。外食産業の売上高に注目してみると，平成8年では28兆6千億円，平成9年では29兆円，平成10年では28兆4千億円，平成11年では28兆1千億円，平成12年では26兆9千億円，平成13年では25兆8千億円，平成14では25兆5千億円である。平成9年を筆頭に年々その売上高が減少していることがわかる。この原因の一つとしてはコンビニエンスストア等の中食の普及

が考えられるであろう。また，おりからの不況も原因の一つとして考えられるであろう。しかし，それだけでなく，外食産業の成熟と共に顧客が満足感以外のものを要求しているのではないであろうか。つまり，顧客は商品や店舗（内装を含む）に対して不平はないが，対価の分だけしか満足していないのではないか。対価の分とは，1000円ならば1000円分だけの価値しかないということである。そのことが日本の外食産業における売上高を減少させている原因の一つではないであろうか。

　次に，企業と顧客との関係でどのようなプロセスで顧客感動が生まれるかを表したものが図6-2である。これは企業と顧客との関係である。このことからもわかるとおり，企業は存続していくことを目標としている。そのために企業は市場すなわち顧客に対して何らかの働きかけをしていくことになる。この働きかけとは，メーカーではあれば製品であったり，外食産業であれば，料理やサービス等である。この働きかけによって顧客は感動と利益を得るのである。これが顧客感動にあたる。従来の顧客満足であれば顧客は満足と利益を得る，すなわち，顧客満足を得ると考えるのである。では，ここでいう顧客とはどのレベルにおける消費者を指すのか。それを表したものが図6-3であり，これは顧客の種類を表している。従来，消費者は潜在客，

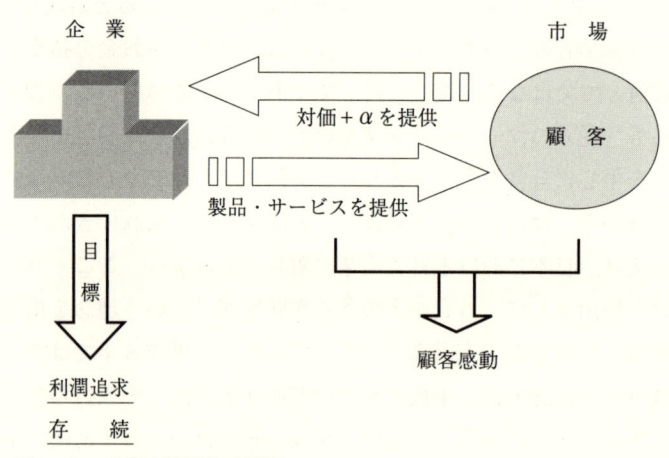

図6-2　企業と顧客との関係
　　出典：三家英治『経営戦略の基礎知識』ダイヤモンド社，1996年，128頁を
　　基に作成。

見込み客，お客，顧客，得意客，ひいき客と分けて考えられ，顧客満足の対象となっていたのはこの顧客の層である。しかしながら，顧客感動では図6-3で表している全ての消費者を対象とした考え方である。

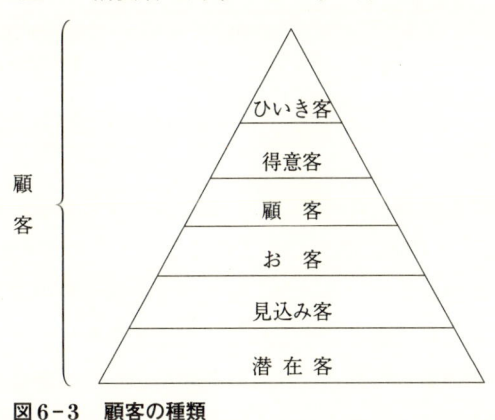

```
           ┌ ───────
           │     ひいき客
           │    得意客
     顧    │    顧　客
     客    │    お　客
           │   見込み客
           │    潜　在　客
           └ ───────
```

図6-3　顧客の種類

3. 予備調査

　本章では，顧客満足に代わる概念として「顧客感動」を提案している。たとえば，顧客満足は顧客が1000円のモノを買って，そのモノに1000円の価値が存在すれば満足することである。このことに対して，顧客感動は1000円のモノを買って，1000円以上の価値がある場合や，対価以上に顧客に対して感動を与えることである。これを式にするならば，Eを顧客感動，Sを製品・商品・モノ，Mを感動とおけば，前述の顧客満足はS＝Mと表すことができる。これに対して，顧客感動はS≠Eと表すことができる。これはすなわち製品自体の満足ではない。S＜Eのような製品を超える式となる。

　では，顧客が満足でなく感動するというのはどんな時に起きるのであろうか。この疑問に答えるため，予備調査を二段階に分けて調査をおこなっている。第一段階の調査内容は次のとおりである。初めにグループインタビューをおこなった。京都に在住する大学へ通う学生26人が対象である。この26人を4つのグループに分け，各60分のインタビューを行った。インタビューの内容は各グループに対して感動した場所，感動したこと，状況についてであ

る。その結果を表6-1で表している。

表6-1　調査結果

グループ	感動した場所	感動したこと	状況
A	居酒屋	タオルを出してくれた	気分が悪くなった
B	カフェ	傘を貸してくれた	雨が降った
C	食堂	おまけをしてくれた	金がない
D	百貨店	返品に対して親切だった	商品を返品した

　この結果から商品自体には感動していないことがわかる。言い換えれば，状況の中での相手の対応に感動が生まれるということが考察される。つまり，商品自体には感動していないが，さまざまな状況の中での相手の対応に感動が生まれているのである。すなわち，コミュニケーションが重要な要素となっているのである。なお，これらの経験をした回答者は全て，これらの経験をした店舗のリピーターとなっている。これは従来の顧客の種類に分類すると，最も企業に利益を提供するひいき客と呼ばれる層の消費者に分類される。

　従来のサービスの構成要素は図6-4のように考えられてきた。これに対して顧客感動の考え方では図6-5のようになる。図6-5は従来考えられて

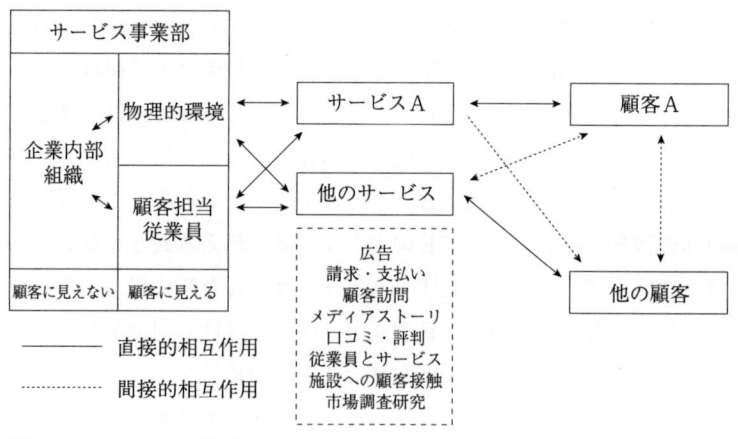

図6-4　サービスの構成要素
出典：フィリップ・コトラー著・村田昭治監修『マーケティングマネジメント』
プレジデント社，1996年，437頁。

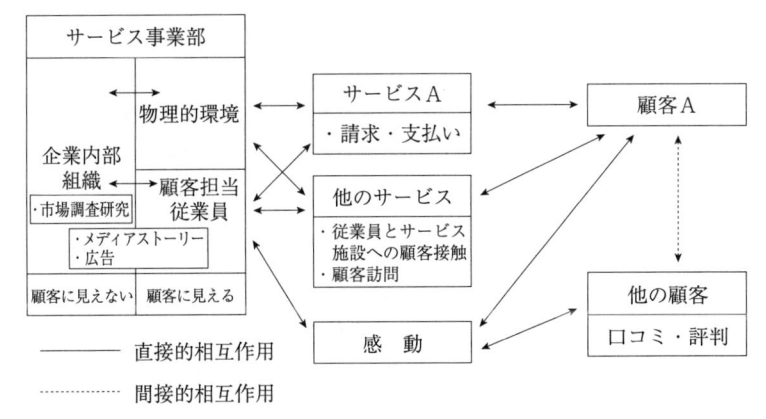

図 6-5 サービスの構成要素
出典:フィリップ・コトラー著・村田昭治監修『マーケティングマネジメント』
プレジデント社,1996年,437頁を基に作成。

きたサービスの構成要素をさらに詳しく分けたものである。加えて,感動というものが従来考えられてきたサービスとは違うものであり,感動は直接的に対象とする顧客にのみ作用するものでなく,他の顧客にも作用することを表している。また,図6-4において市場調査,メディアストーリー,請求・支払い,口コミ・評判などは一緒に分類されている。しかしながら,本来市場調査は顧客に見えない部分の活動である。加えて,メディアストーリーおよび広告は顧客に見えない活動の部分もあり,また顧客から見える部分の活動でもある。口コミ・評判といったものは,顧客Aを主体とすると他の顧客から得るものであり,決して広告やメディアストーリ,支払い・請求と同一に分類されるものではない。

次に二段階目にあたる調査をおこなった。調査内容は次のとおりである。調査対象は関西圏在住の男子大学生86名,女子大学生34名の合計120名である。質問票を用いた調査を行った。ここでの質問票の質問項目数は4つである。その内容は,第一に心が動いたことの具体的な例について尋ねた。第二に,どんなんことに,どんなふうに,どんな所で感動したいかを尋ねた。第三に,逆に心が動かないのは何故かを尋ねた。第四に,顧客感動を生むものは何かを尋ねた。なお回答は全ての質問に対して自由記述方式でおこなった。

第一に心が動いたことの具体例について尋ねた結果は以下のとおりである。映画をみた，旅行をした，イベントに参加した，買い物をした，よい店をみつけた，料理に感動した，プレゼントをもらった等の回答を得た。

　第二のどんなことに，どんなふうに，どんな場所で感動したいかについて尋ねた結果は以下のとおりである。ワールドカップにサポーターとしてスタジアムで，歌手のコンサートにファンとしてコンサート会場で，友人の結婚式に友人として結婚式場でなどの回答を得た。なお，本調査をおこなった時期にFIFA日韓ワールドカップが開催されていたこともあり，これに関連した回答が多く存在した。第三の逆に心が動かない理由を尋ねた結果は以下のとおりである。つまらない，先が読める，欲しいものがないなどの回答を得た。第四の顧客感動を生むものはなにかついて尋ねた結果は以下のとおりである。サービス，接客，雰囲気，建物，値段等の回答を得た。回答の中でサービスおよび接客と回答したものが多く散在した。この調査からもわかるとおり，顧客感動を生むためには接客およびサービスが重要であって，商品自体に感動していないことがわかる。加えて，商品を購入する購入要因を明らかにすることによって，顧客感動を構築する術が明らかになるのではと考え，本調査では男子大学生を対象に商品を購入する際の購入要因を明らかにしている。

4. 本調査

　本調査において，男子大学生が商品を購入する際，何に魅力を感じて購入するのかを具体的に調査をおこなっている。本節において使用する商品とは，具体的には飲料水，食品といった日常品，パソコンや携帯電話などの情報品と，ファッションや鞄などのブランド品の3カテゴリーを含んでいる。ここではあえて，男子大学生が購入する機会がありそうなものをこれらの3つのカテゴリーに分けてみた。具体的な商品名は，事前調査から得た[1]。

　男子大学生を調査対象とした理由は，購買力があるのみでなく，日常品，情報品およびブランド品に対して少なくとも購入経験があると考えたからである。大学生になれば下宿をする者もいる。彼らはおそらく食料品などは日

常的に購入しているはずである。自宅から通学している者にしても，携帯電話，パソコン，プリンターなどの知識は一般的に彼らの親よりもあるように思えるからである。このように日常的に購入する機会があるということは，商品知識も豊富であると考えた。また，自由に使えるお金を所持している可能性が高校生よりも大きいからである。商品に対するオピニオン性はもっと若い世代である中学生の方が適切かもしれないが，本研究においては，日常という枠組みの中で大学生が商品に求めている価値を見出し，そこから男子大学生の商品に対する考え方や感性，あるいは価値観を知り，感動を構築することを目的としている。

4.1 本調査における事前調査

　事前調査の目的は，広義の意味での商品に対する意識を尋ね，そこから得られた回答を用いて，本調査に使用する質問項目を設定するためである。具体的方法は以下のとおりである。調査期間は2002年4月，調査対象は京都に存在する大学へ通学している男子大学生である。彼らにグループインタビューをおこなった。グループインタビューをした3グループの概要を以下に示す。

　　第1グループ　3回生の同じゼミナールの男子大学生6名
　　第2グループ　サークルのメンバー（3回生3名，4回生2名，合計5名）
　　第3グループ　友人（3回生3名，2回生1名，合計4名）

　これらの3つのグループは別々の日にグループインタビューを実施した。各グループ60分でその内容をテープに録音した。なるべくひとりが長く話しをしないための工夫としてインタビューに入る前にあらかじめ，こちらの質問項目を配布し，そのメンバー全員に一読をしてもらった。これはより内容を理解してもらうためである。内容はどのような商品をいつも購入しているのか，そしてそれを選ぶ（買う）主な理由は何なのか，また，どこで買うのかであった。例えば，回答の中には「衣服をよく買う」「行きつけの店で買う」「そこの服が好きだから買う」「衣服とかばんや靴がどう合うかを考えて買う」というような意見が得られた。また，「下宿をしているため，近所のスーパーで食料品を買う」「安さや賞味期限を気にして買う」「CDをよく買

う」「恋人に聞かせたい歌をプレゼントする為に，CDのコピーをしてあげる」など。このようにして，品目の名前や具体的な理由が挙がった。それらの商品をいくつかの種類に分けた。その種類を以降はカテゴリーと呼ぶ。そして，そこにいた構成メンバーが納得した品目をカテゴリーに配した。その結果，日常品，情報品およびブランド品という3つのカテゴリーに分類することとした。これを表6-2に3つのカテゴリーとそれらに含まれる品目としてまとめた。

表6-2にあげた品目は第1グループから第3グループまでの全員の者が了解をし，いわば納得をした分類の中の品目である。表6-2以外には，例えば，日常品の中にはトイレットペーパーや髭剃りが挙げられた。

表6-2　分類したカテゴリーとそれらに含まれる品目

カテゴリー	品目
日常品	食料，飲料，下着，文具，車，嗜好品（コーヒー，タバコ）
情報品	携帯電話，パソコン，雑誌，TV，音楽（CD），インターネット
ブランド品	衣服（外着），アクセサリー，鞄，靴，小物（財布など）

4.2　本調査における予備調査

(1) 調査概要と質問内容

次に表6-2で挙がった品目以外のものが各カテゴリーにあるのか，あるいはここであがった品目が妥当性を持っているのかを調べるために，もっと多くの人数の男子大学生に質問をおこなった。調査時期は2002年5月中旬で調査地域は事前調査と同様の京都に設置されている大学へ通う男子大学生である。質問票を用いて42名の男子大学生に調査を実施した。その主な質問は以下のとおりである。ここでは自由記述で回答を得た。なお，集合調査法を用いている。

1）表6-2に掲載した品目以外にあなたが日常品だと思う品目すべて挙げてください。その理由も簡単にお書き下さい。（これは以下の項目，全てに同じである。）

2）表6-2に掲載した品目以外にあなたが情報品だと思う品目すべて挙げてください。

3) 表6-2に掲載した品目以外にあなたがブランド品だと思う品目すべてを挙げてください。
4) あなたがよく利用する施設・場所を記入してください。いくつでも結構です。例) コープ, 郵便局, コンビニ, 銀行, 学食, ファーストフード店など。
5) 日常品を購入するとき, それにしようと思うその理由は何ですか。
6) 情報品を購入するとき, それにしようと思うその理由は何ですか。
7) ブランド品を購入するとき, それにしようと思うその理由はなんですか。

(2) 結果・考察

① 表6-2以外の3つのカテゴリーに属する品目

表6-2以外に各カテゴリーに属する品目を調査した結果を表6-3にまとめた。この中でスポーツ用品は日常品とブランド品の両方のカテゴリーで回答があった。ただし, 大枠のところでは表6-2の品目で十分にそれらのカテゴリーのイメージが伝えられると判断した。

表6-3　表6-2以外に各カテゴリーに属すると回答された品目

カテゴリー	品目
日常品	トイレットペーパー, 洗剤, 髭剃り, 酒, かばん, 帽子, スポーツ用品
情報品	DVD, デジカメ, プリンター, スカパー, 新聞
ブランド品	めがね, スポーツ用品, 化粧品, ギター

② 購入理由について（購入動機）

調査対象の男子大学生に買うときの理由を記述してもらった。その結果, 42名が挙げた理由のうち, 上位10の理由を表6-4にまとめた。同じような

表6-4　3つのカテゴリーごとの購入理由の上位

カテゴリー	品目
日常品	異性の評価, あきがこない, 値段, 堅実, 賞味期限, 素材, 品質, ワイルド, こだわり, 慣れ
情報品	友人の評価, 機能性, 個性, 品質, 重量, シンプル, こだわり, 認知度, 新製品, 慣れ
ブランド品	世間の評価, 異性の評価, 流行, 個性, 話題性, 色, デザイン, 自慢, 豪華, 派手, 上品

意味の言葉はまとめて解釈をしている。例えば，「彼女がよいというかどうか」「恋人がよいというのなら」「バイトの女の子がすすめるならば」「後輩の女の子がよい商品だと言っていた」などは全て異性の評価とした。また，「野性的な方がいい」「やんちゃな方がよい」「ちょっとワルっぽい方がよい」などはワイルドという言葉にまとめた。

　表6-4のようにカテゴリー間で，かさなる理由も得られたが，主な理由はこのようになった。ここでわかることは，日常品からブランド品まで，必ず他者の評価が入っていることである。しかしながら，その他者が自己との関係においてその立場が異なっている。これは品目（商品）によって何を基準にしているのかをまさに表していることになる。この評価者の違いが商品の違いと結びつくことを，この結果より見出した。もちろん「こだわり」を持つという理由などは，この表6-4には日常品にも情報品のカテゴリーにも挙げられた理由である。おそらくはブランド品でも，「こだわり」はあると思われる。しかしながら，それぞれのカテゴリーを代表するような理由もいくつかは見出せた。例えば，日常品の賞味期限という購入理由は食料の特徴を示していると考えられる。情報品のパソコンは機能性が特徴であり，ブランド品では流行，豪華，自慢などが大きな理由ではないかと考えられる。

③購入場所

　42名がよく利用すると回答した購入理由をカテゴリー別に示したものが表6-5である。表6-5に挙げられた「ジョーシン」も「ヨドバシカメラ」も共に家電の専門店であるが，ここでは名前があがったので，学生の回答のとおりをあげた。これらを見ると，購入先，購入場所の範囲はひろくはないと考えられる。よって，表6-5からは食料品などを含む日常品は比較的に安くて，便利なコンビニや近所の店で済ませ，情報品やブランド品は専門店での購入が多いという結果が得られた。

表6-5　男子大学生がよく利用する場所・購入場所

カテゴリー	品目
日常品	100円ショップ，コンビニ，コーナン，近所の店
情報品	ジョーシン，コーナン，ヨドバシカメラ
ブランド品	専門店，百貨店

4.3 本調査

(1) 調査概要と質問内容・方法

　2002年6月中旬に関西圏に在住している男子大学生のアンケート結果を用いた。その調査の概要は以下のとおりである。調査地域は京都府，大阪府，兵庫県で，調査対象は京都府あるいは大阪府に設置されている大学に在籍している男子大学生236名（回収率54.4％）である。調査方法は質問票による調査で集合調査法を用いた。質問事項の具体的例は表6-6に示している。なお，フェイスシートでは居住地域，年齢，1カ月に自由に使えるお金，アルバイトの有無，車の所有の有無，通学時間，1日のTV視聴時間，1日のイ

表6-6　本調査に用いた質問項目の例

1) あなたが日常品を購入するときに，何を重視しますか。以下の中から番号でいくつでもお答え下さい。ただし，重視する順番にお答え下さい。また重視しないものも2つずつお答え下さい（表6-7参照）
　　重視度の1番（　　）　重視度の2番（　　）　重視度の3番（　　）
　　重視度の4番（　　）　重視度の5番（　　）　重視度の6番（　　）
　　もっとも重視しないもの（　　）　次に重視しないもの（　　）

2) あなたが情報品を購入するときに，何を重視しますか。以下の中から番号でいくつでもお答え下さい。ただし，重視する順番にお答え下さい。また重視しないものも2つずつお答え下さい。
　　重視度の1番（　　）　重視度の2番（　　）　重視度の3番（　　）
　　重視度の4番（　　）　重視度の5番（　　）　重視度の6番（　　）
　　もっとも重視しないもの（　　）　次に重視しないもの（　　）

3) あなたがブランド品を購入するときに，何を重視しますか。以下の中から番号でいくつでもお答え下さい。ただし，重視する順番にお答え下さい。また重視しないものも2つずつお答え下さい。
　　重視度の1番（　　）　重視度の2番（　　）　重視度の3番（　　）
　　重視度の4番（　　）　重視度の5番（　　）　重視度の6番（　　）
　　もっとも重視しないもの（　　）　次に重視しないもの（　　）

4) 日常品を買う場合，以下の理由はどの程度，影響がありますか。
　　値段…（　　）
　　1：まったく影響がない　　2：やや影響がない　　3：どちらでもない
　　4：やや影響がある　　5：たいへん影響がある
　　同性の評価…（　　）
　　1：まったく影響がない　　2：やや影響がない　　3：どちらでもない
　　4：やや影響がある　　5：たいへん影響がある
　　上記の形式の質問がつづくので以降は省略するが，3カテゴリーに対して表6-6の26の理由をそれぞれ個別に上記のように1から5点で回答してもらった。

ンターネット利用時間，クラブ・サークルの活動の有無，恋人の有無を尋ねている。また本調査における予備調査で得た回答から購入理由の重要度と調べるために，回答からの言葉を26にまとめてこれを表6-7に示している。そこから，番号で選択することとした。番号で選択をして，ある事象の順位を明らかにする方法を順位法という。ただし表6-6内の1）3）の質問の場合，同順位は認めないこととした。これと併用して因子分析を用いるために各カテゴリーの，表6-7の項目別に1点から5点まで段階的な数字を与え，それに自分の気持ちが該当するところに○をつけてもらった。これを5点尺度法という。本研究では，1を「まったく影響がない」，2を「やや影響がない」，3を「どちらでもない」，4を「やや影響がある」，5を「大変影響がある」という5段階とした。例えば，日常品を購入する場合，値段を購入理由として重視していれば，4ないし5の回答になる。値段を気にしていないのであれば，1ないし2の回答になる。

表6-7 予備調査の結果から導いた購入する時の理由を表す言葉

1）値段	2）友人（同性）の評価	3）世間の評価	4）異性の評価	5）色
6）素材	7）デザイン	8）機能性	9）あきがこない	10）品質
11）重量	12）賞味期限	13）話題性	14）流行	15）個性的
16）自慢	17）シンプル	18）豪華絢爛	19）堅実	20）派手
21）上品	22）ワイルド	23）こだわり	24）認知度	25）新製品 26）慣れ

(2) **2つの分析方法の意味**

　本研究では2つの分析方法を用いた。1つは順位法を用いた。これは各カテゴリーの重要度の順番を知るためである。ここから大枠のカテゴリーの特徴が理解できると考えたからである。すなわち，そのカテゴリーを代表とする購入の理由の方向を見たいと考えたからである。2つめは主因子法による因子分析を用いた。これは各カテゴリー内における購入理由の要因を知るためである。順位法でおおまかにとらえているところを，検証し，内在する要因を解明するためである。

4.4　本調査における結果

(1)　フェイスシートの単純集計結果

　単純集計の結果，フェイスシートの部分に関しては次のとおりである。男子大学生の平均年齢は21.2歳，居住地の多い地域の順位は京都府，大阪府，兵庫県となった。1カ月に自由に使えるお金の平均は約22000円であった。アルバイトは68％の者が定期的にしており，短期を合わせると73％となる。1日のTV視聴時間の平均時間は1時間30分であった。雑誌は平均2.0冊の購入で，カジカジやスマートなどのファッション雑誌や音楽の雑誌，車の雑誌，漫画雑誌など多岐にわたっていた。1日のインターネット時間は45分，これはもっとも差が大きい項目であり，チャットなどを利用している者は長時間を占め，まったく関心のないものは5分以下である。通学時間の平均は1時間15分であった。クラブあるいはサークルには55％の者が所属していた。ただし，これは述べ人数である。サークルなどは1人で3つくらい入っている者もいる。恋人の存在は約29％がいると回答した。

(2)　順位法による結果と考察

　ここでの特徴は順位法で，その重要度を比較したことである。その結果，重要度は以下のとおりである。番号の多い順に各カテゴリー3つずつ示した。

　　日常品を購入時の重要項目は1）値段　10）品質　19）堅実
　　　　　重要としない項目は16）自慢　20）派手　11）重量
　　情報品を購入時の重要項目は8）機能性　1）値段　3）世間の評判
　　　　　重要としない項目は21）上品　18）豪華絢爛　6）素材
　　ブランド品を購入時の重要項目は14）流行　3）世間の評判　23）こだわり
　　　　　重要としない項目は1）値段　21）上品　19）堅実

カテゴリー別の順位が意味するものとしては以下のように考えられる。

　日常品における購入時の重要項目は値段と品質および堅実であった。そして重要としない項目は自慢と派手および流行であった。すなわち，日常品を購入する際には自慢や派手や流行という要因は重要ではなく，男子大学生も賢い消費者になっているのである。

　情報品に関しては，パソコンなどを代表としてその機能性すなわち，性能

が重視されているのである。これはこれらの商品の特徴といえるのではないか。

ブランド品に関しては，衣服などのファッションアイテムが例示されているように，そこには流行や世間の評価が加えられる。また，自身の好きなブランドに対するこだわりも現れていると考えられる。

(3) 因子分析の意味するもの

男子大学生は商品に対して，どのような購入意識があるのであろうか。それを因子分析という手法を用いて，その構成要素を明確にする。具体的な手順は以下のとおりである。表6-7の購入理由を質問項目として用いて，日常品，情報品およびブランド品に関してそれぞれ回答をしてもらった。表6-7に示した26の質問の各々に1～5までの5段階評点法での回答をさせた[2]。本研究では，5段階評点法によって得た各個人の各質問の回答をデータとした。これらの質問に回答したデータを用いて，各々主因子法による因子分析を行った[3]。合計3回の因子分析を用いた。以下に3つのカテゴリー別に結果と考察を記した。

①日常品に関する因子分析結果

各調査対象から得たデータを用いて因子分析をした結果，第1因子で寄与率が27.2，第2因子で23.7，第3因子で11.2，第4因子で9.7であった。寄与率とは各因子の説明の程度をみる指標である。寄与率が高いほど，ある事象に関する説明力があるということになる。この分析では，第3因子までで累積寄与率が62.1となった。これはこれらの3つの因子で全体の約6割強を説明できるということである。

また，第4因子以降は寄与率が10.0未満になり，固有値も1.00未満になることから，本研究では第3因子までを考察の対象とする。表6-8に第1因子から第3因子までの因子負荷量を挙げた。それらの項目の中で絶対値が大きい値を示した項目を考察の対象とした。

表6-8内の数値は因子負荷量である。因子負荷量の絶対値が高いほど，その因子の重要性は大きいという解釈ができる。例えば，表6-8(1)の1行目の「値段」の項目の第1因子は0.88である。これは他の項目と比較して第1因子の中では一番大きい数値である。よって，男子大学生にとっては「値

表6-8(1) 因子分析結果

(1)日常品における購入理由の影響			
理由を示す言葉	第1因子	第2因子	第3因子
値段	0.88	−0.08	−0.24
同性の評価	0.75	−0.43	0.06
世間の評価	0.34	−0.29	0.13
異性の評価	0.32	−0.45	0.07
色	0.55	−0.65	0.23
素材	0.66	0.45	−0.10
デザイン	−0.70	−0.20	0.14
機能性	−0.52	0.72	0.06
あきがこない	−0.18	0.52	0.70
品質	0.11	0.87	−0.09
重量	0.60	0.48	−0.79
賞味期限	0.66	0.12	−0.30
話題性	0.40	0.45	−0.17
流行	0.36	−0.15	0.01
個性的	0.46	−0.08	−0.20
自慢	−0.80	0.33	−0.44
シンプル	0.06	−0.18	0.86
豪華絢爛	0.11	0.02	−0.75
堅実	0.49	−0.31	0.84
派手	0.06	−0.80	−0.58
上品	−0.56	0.38	0.16
ワイルド	0.52	0.37	−0.44
こだわり	−0.01	0.24	0.46
認知度	0.38	−0.16	0.70
新製品	0.58	−0.02	−0.52
慣れ	0.24	−0.07	0.46

段」ということが,日常品を購入するうえで重要な要因であるということになる。おそらく日常品に関しては,値段が安いものでよいと判断していることが考えられる。飲料や食料を含む日常品は,まさに日常生活の中での必需品であるので,少しでも不況の今日であるがゆえに,安いものを求めているとも考えられる。

表6-8(1)によると,第1因子の+には「値段 (0.88)」「同性評価 (0.75)」「素材 (0.66)」「賞味期限 (0.66)」の4項目の因子負荷量が0.65以上の比較

的大きい数値を示した。これらの共通点はその商品に対して「値段をはじめとする本質的な評価」であろう。他方，－には「デザイン（−0.70）」「自慢（−0.80）」であった。これらの共通点は「本質（品質）ではないところ」である。言い換えれば「その商品の付加価値」である。このように第1因子は「本質である」-「本質ではない」が一対をなした概念であるといえよう。

第2因子の＋には「機能性（0.72）」「品質（0.87）」の2項目の因子負荷量が0.65以上の比較的大きい数値を示した。これらの共通点は「性能」という点であろう。他方，－には「色（−0.65）」「派手（−0.80）」であった。これは機能以外の特徴を意味している。第2因子は「性能」-「性能以外」が一対をなした概念と言えよう。

第3因子の＋には「あきがこない（0.70）」「シンプル（0.86）」「堅実（0.84）」「認知度（0.70）」であった。これらの共通点は「堅実」という点であろう。他方，－には「重量（−0.79）」「豪華絢爛（−0.75）」であった。これらの共通点は堅実ではない「派手なうわつき」であろう。第3因子は「堅実である」-「堅実ではない」が一対をなした概念であると言えよう。

よって，日常品には，3つの因子が抽出された。第1因子：「本質」，第2因子：「性能」，第3因子：「堅実」となった。

②情報品に関する因子分析結果

各調査対象から得たデータを用いて因子分析をした結果，第1因子で寄与率が26.4，第2因子で22.6，第3因子で15.0，第4因子で9.9であった。この分析では，第3因子までで累積寄与率が64.0となった。また第4因子以降は寄与率が10.0未満になり，固有値も1.00未満になることから，本研究では第3因子までを考察の対象とする。表6-8(2)に第1因子から第3因子までの因子負荷量を挙げた。それらの項目の中で絶対値が大きい値を示した項目を考察の対象とした。表6-8(2)によると，第1因子の＋には「素材（0.66）」「機能性（0.92）」の2項目の因子負荷量が0.65以上の比較的大きい数値を示した。これらの共通点はその商品に対して「機能」であろう。他方，－には「慣れ（−0.74）」「上品（−0.86）」であった。これらの共通点は「機能ではないところ」である。言い換えれば，その商品が機能が劣っていても，それまでの使いやすさが優先されたり，上品だと思うなどの思いが優

表6-8(2)　因子分析結果

(2)情報品における購入理由の影響

理由を示す言葉	第1因子	第2因子	第3因子
値段	0.32	0.72	-0.11
同性の評価	0.55	-0.32	0.16
世間の評価	0.25	-0.09	0.85
異性の評価	0.32	-0.45	0.09
色	0.42	-0.62	0.21
素材	0.66	0.05	-0.80
デザイン	-0.10	-0.12	-0.65
機能性	0.92	0.03	-0.36
あきがこない	-0.18	0.22	0.25
品質	0.01	0.87	-0.09
重量	0.26	0.48	0.01
賞味期限	0.16	0.12	-0.29
話題性	-0.42	0.45	0.65
流行	0.36	-0.14	0.09
個性的	0.46	-0.01	-0.20
自慢	-0.50	0.10	-0.74
シンプル	0.16	-0.05	0.56
豪華絢爛	0.10	-0.72	-0.35
堅実	-0.13	-0.06	0.42
派手	0.22	-0.65	-0.01
上品	-0.86	-0.45	0.16
ワイルド	0.61	0.22	-0.14
こだわり	-0.28	0.46	0.03
認知度	-0.44	0.12	0.69
新製品	-0.13	-0.12	-0.09
慣れ	0.74	-0.30	0.51

先されるのである。このように第1因子は「機能性」-「機能性以外」が一対をなした概念であると言えよう。

　第2因子の＋には「値段（0.72）」「品質（0.87）」の2項目の因子負荷量が0.65以上の比較的大きい数値を示した。これらの共通点は「本質的に値段にみあったもの」ということであろう。他方，－には「色（-0.62）」「豪華絢爛（-0.72）」「派手（-0.65）」であった。これは本質や値段以外の特徴を意味している。第2因子は「値段に見合う」-「値段ではない」が一対をなした

概念と言えよう。

　第3因子の＋には「世間の評価（0.85）」「話題性（0.65）」「認知度（0.69）」であった。これらの共通点は「世間の評判」という点であろう。他方，－には「素材（−0.80）」「デザイン（−0.65）」「自慢（−0.74）」であった。これらの共通点は自分の評価である。素材やデザインは自分の好みの範囲であるし，自慢するのは自分である。第3因子は「世間の評判」−「自分の評価」が一対をなした概念であると言えよう。よって情報品には，3つの因子が抽出された。第1因子：「機能性」，第2因：「値ごろ感」，第3因子：「世間の評判」となった。

③ブランド品に関する因子分析結果

　各調査対象から得たデータを用いて因子分析をした結果，第1因子で寄与率が30.8，第2因子で20.6，第3因子で10.1，第4因子で9.0であった。この分析では，第3因子までで累積寄与率が61.5となった。また第4因子以降は寄与率が10.0未満になり，固有値も1.00未満になることから，本研究では第3因子までを考察の対象とする。表6−8(3)に第1因子から第3因子までの因子負荷量を挙げた。それらの項目の中で絶対値が大きい値を示した項目を考察の対象とした。

　表6−8(3)によると，第1因子の＋には「異性の評価（0.68）」「流行（0.88）」「新製品（0.74）」の3項目の因子負荷量が0.65以上の比較的大きい数値を示した。これらの共通点はその商品に対してのまさに「流行」であろう。他方，－には「あきがこない（−0.77）」「堅実（−0.65）」であった。これらの共通点は「流行ではないところ」である。このように第1因子は「流行」−「流行以外」が一対をなした概念であると言える。

　第2因子の＋には「世間の評判（0.72）」「話題性（0.65）」の2項目の因子負荷量が0.65以上の比較的大きい数値を示した。これらの共通点は「世間の評判」ということであろう。他方，－には「上品（−0.66）」であった。これは世間や話題以外の特徴であり，上品という良い意味での自己評価基準のままを表していることを意味している。第2因子は「世間の評判」−「自己の評価」が一対をなした概念と言えよう。

　第3因子の＋には「自慢（0.80）」「こだわり（0.86）」であった。これらの

表6-8(3) 因子分析結果

(3)ブランド品における購入理由の影響

理由を示す言葉	第1因子	第2因子	第3因子
値段	−0.02	−0.12	0.15
同性の評価	0.50	−0.35	0.24
世間の評価	−0.14	0.89	0.07
異性の評価	0.68	−0.35	0.13
色	0.22	−0.59	−0.01
素材	0.40	0.25	−0.04
デザイン	0.01	−0.21	0.02
機能性	−0.34	0.52	−0.18
あきがこない	−0.77	0.33	0.51
品質	0.43	0.40	−0.03
重量	0.02	−0.15	0.29
賞味期限	−0.04	0.01	−0.41
話題性	0.58	0.65	−0.09
流行	0.88	0.18	0.25
個性的	0.60	−0.38	−0.29
自慢	−0.58	0.43	0.80
シンプル	−0.13	−0.45	−0.70
豪華絢爛	0.18	0.33	−0.55
堅実	0.65	−0.09	−0.80
派手	0.14	−0.21	−0.01
上品	−0.02	−0.66	0.07
ワイルド	0.15	0.08	0.56
こだわり	0.34	0.16	0.86
認知度	0.48	0.72	−0.01
新製品	0.74	0.03	−0.40
慣れ	−0.42	0.19	−0.46

共通点は「こだわり」という点であろう。他方，−には「シンプル（−0.70）」「堅実（−0.80）」であった。これらの共通点は「堅実」である。いわば地味に近い意味かもしれない。第3因子は「こだわるという自分の評価」−「堅実という商品の評価」が一対をなした概念であると言えよう。よって，ブランド品には，3つの因子が抽出された。第1因子：「流行」，第2因子：「世間の評判」，第3因子：「こだわり」となった。

4.5 男子大学生の重視する項目と因子分析からの考察
(1) 日常品についての購入理由
　順位法によると値段，品質，堅実などの購入理由が上位3つに挙げられた。因子分析結果によると日常品には，3つの因子が抽出された。第1因子：「本質」，第2因子：「性能」，第3因子：「堅実」となった。

　ここで考えられることは，値段を含めてその商品の本質を強く求めていることである。値ごろ感にも通じる概念である。すなわち，ここでの商品は納得価格が基本的に購入基準となると考えられる。それは個人が持ち合わせているそれぞれの商品の値段である。例えば，A君がインスタントラーメンであるなら，100円均一ならば購入しようと思っていることである。また，本質の意味であるが，ここには大きな付加価値が求められていない。すなわち，どちらかというとその商品はそれだけの目的さえ達していれば良いのである。例えば，飲料には喉のかわきをいやすことが第一の目的である。文具の鉛筆は書くことの役割を果たせばよいのである。ここに変に付加価値をつけても基本的な購入理由とは結びつかない可能性がある。それが堅実や性能というところの概念を表していると考えられる。

(2) 情報品についての購入理由
　順位法によると機能性，値段，世間の評価などの購入理由が上位3つに挙げられた。因子分析結果によると情報品には，3つの因子が抽出された。第1因子：「機能性」，第2因子：「値ごろ感」，第3因子：「世間の評価」となった。ここでも順位法の大きな方向と因子分析の結果の意味するところはあまり変わらない。すなわち，情報品を購入する場合，情報品という特徴から機能性，性能ははずせない購入理由となる。次に，おおむねパソコンやDVDなどの情報品は価格が高くなりがちである。性能と価格がミスマッチすることはない。新製品や高性能の商品は基本的には価格が高いものである。そこで値段も考慮する理由となる。この性能でのこの値段は適切かどうかという判断になるであろう。合理的な買い物の仕方になると考えられる。また，専門雑誌を含めて，情報品は世間の評価も気になるところである。パソコンなどは購入後の互換性も問題になるであろう。

(3) ブランド品についての購入理由

　順位法によると流行，世間の評価，こだわりなどの購入理由が上位３つに挙げられた。因子分析結果によるとブランド品には，３つの因子が抽出された。第１因子：「流行」，第２因子：「世間の評価」，第３因子：「こだわり」となった。

　ブランド品に関しての主な要因は，第１因子において「流行」が挙げられた。これは，時代に合う，合わないというこだわりでもある。第２因子の世間の評価と結びつくところでもある。多くのブランドを持つ企業が日本に進出もしてきている。この不況の中でもブランド品の売れ行きは増加している。もちろん，個々のブランド品においては俗に言われている，売れないブランドも存在するが，大枠でもブランド品は売れるという現象にある。「流行」「世間の評価」「こだわり」はブランド商品の特徴をよく表現した購入理由として考えるべきであろう。

4.6　顧客アピールモデル

　ここまでで，男子大学生が購入するような商品は，日常品，情報品，ブランド品の３つのカテゴリーに分類された。そしてそれぞれの購入理由としては，日常品ならば「本質」「性能」「堅実」が主たる購入理由であった。情報品ならば「機能性」「値ごろ感」「世間の評価」が主たる購入理由であった。ブランド品ならば「流行」「世間の評価」「こだわり」が主たる購入理由であった。

　次にこれらの商品をどのように顧客に提案していくべきであるのかを考えることにする。

　それぞれのカテゴリーがちょうど３つずつの主たる購入理由をもっているから，顧客アピールのモデルは以下のようになる。

　顧客へのアピールをyとすると，購入理由の第１因子はb_1，第２因子はb_2，第３因子はb_3としたとき，$y = b_1 + b_2 + b_3$となる。これらの総和の数値が大きいほど，yである顧客アピールがよりよく男子大学生に受け入れられるということになる。これはフィッシュベインの選好理論と同じ考え方である。フィッシュベインの選好理論のモデルは幾度か修正がなされている

が，原型は選択基準の効果を総和としているところである。これはフィッシュベインの多属性態度モデルと呼ばれている。多属性態度モデルと呼ばれる理由は，多次元の商品の属性を基本因子として，消費者がそれらの商品に対してとる態度をつくるということである。

$$Aj = \sum_{i=1}^{n} a\,ibij$$

問題はそのようなモデルが大枠に示されても，因子分析で得た個別の要因をどのように把握して，それらを顧客アピールにいかすかということである。

4.7 顧客感動要因

最初に顧客感動要因を日常品について考えてみることにする。この場合，商品の本質や性能が主たる購入理由であった。情報品も似ている側面がある。ここでの感動の一つは，おそらくは価格破壊である。日本マクドナルドのように次々と値段を下げれば，その価格には驚きがある。感動の第1歩は驚きであると考える。それでは，その驚きを日常品でさらに考えてみると，本質の部分にいきつく。これはテクノロジーの向上でカバーできる。例えば，3分かかるカップめんが10秒でできればより快適に便利になるであろう。よって，日常品から考えられる感動のキーワードは価格破壊と便利である。それを提供する場所はどこかといえば100円均一ショップ，あるいは便利という面においてはその名のとおりコンビニエンスストアではないかと考えられる。よって，男子大学生へのアピールのきっかけはコンビニエンスストアあるいは100円均一ショップからの感動であろう。

次に情報品はどうか。これは性能と価格が理由に挙げられた。考え方としては上記の日常品と同じ路線である。ここに付け加えるとすれば，専門店の利用である。調査段階で明らかになったように，ヨドバシカメラなどは，このニーズに合致した形態の店である。そこからの発信が感動に結びつくと考えられる。

最後にブランド品であるが，これは日常品や情報品とは異なった感動になる。いかに流行を巻き起こすか，自社ブランドのファンとさせうるかが勝負

になってくるはずである。ここでの感動は商品のみではなく，付加価値が必要である。上記の2つのカテゴリーとはことなった感動と言えよう。例えば，新作のブランド品が自己の感性に合致した場合，大いなる感動が生まれるであろう。しかしながら，それは多くの場合は非常に困難である。デザイナーの感性と顧客の感性の一致をみなければならないからである。そうなれば，何をもって感動の要因とするのか，それが先にあげた企業のアイデンティティであり，提供しているブランドのアイデンティティでもある。

5. 考察

　本章では，顧客満足に変わる考えとして顧客感動を提案してきた。そのためにどのような状況で感動が生まれているのか，加えて，商品を購入する要因から感動を得るための原因を調査してきた。商品における顧客感動を呼び起こす提案は前節で述べたが，では，状況における顧客感動を中心に据えて経営をおこなう上で重要になってくるポイントはどういったものであるか。それには5つのポイントが考えられる。まず第一にトップの強い指示が必要である。第二に戦略のコンセプトが組織内で徹底されていることが重要である。第三に責任者が明確でなければならない。第四にコンセプトが顧客に対して明快でなければならない。第五に弾力的なコンセプトでなければならない。

　加えて，顧客満足に代わる顧客感動を経営の中心に据えるために重要なことは，問題が生じたときにどのような対応をするかが重要になってくる。これを図に表したものが図6-6である。つまり，企業の本来あるべき姿とは，基本的に人と人，人と集団，人と社会との関係の中での経営活動をいかに円滑にするのかである。そのためのツールとして，サービスおよびコミュニケーションが重要であると考える。たとえば，問題が生じたときにマニュアルどおり，マニュアルに沿った解決した場合，そこに生じるのは日常であり満足である。あらかじめ想定できる問題に対して，準備をされた，すなわち用意された解答なのである。しかし，あらかじめ想定できなかった問題，突発的な問題が生じたときにマニュアルではなく弾力性を持った思考での解

```
        ┌─────────────────────────┐
        │ 人と人・人と集団・人と社会 │  ⇐ 弾力性
        │ サービスとコミュニケーション │
        └─────────────────────────┘
                    ↓
                  問題解決
                 ↓      ↘
                日常     非日常
```

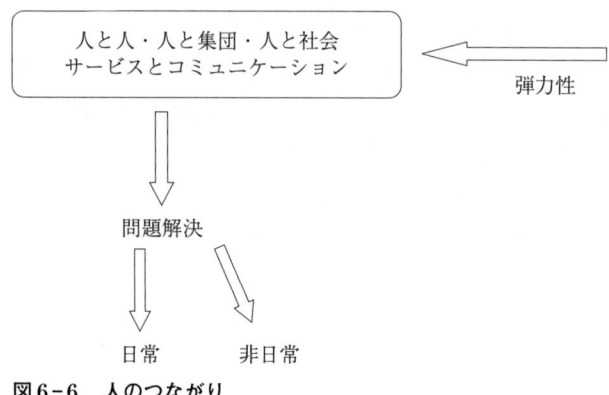

図6-6 人のつながり

決が必要となるのではないであろうか。まさにソリューションである。そして弾力的で，その問題に対して適切な解決をした場合，そこに生じるのは非日常であり感動が生じるのである。つまり，日常に起きていることが生み出すものは満足であり，非日常のものを生み出すことが感動を生み出すことになるのである。

2003年に入り大手外食チェーン店が脱マニュアルの店舗運営をおこなうという取り組みを始めている。今後の経営活動は，マニュアルを基礎に（または脱マニュアル）それらを超えた柔らかい思考を，従業員と経営者が共有すべきである。そのひとつの切り口として顧客感動を与えるすべを考えるべきであろう。そうすることにより，従来考えられてきたマーケティングから一歩先に進んだ企業経営がおこなえるのではないであろうか。

従来の研究における限界は，感動とは人によって異なるので，数値化しておらず，ケーススタディに終わっているため，今後は数値化，モデル化を目指していくことが課題となる。

【注】

1）日本繊維製品消費科学会『わたしにもできる消費者の情報調査』弘学出版，2000年，第1章を参照。辻幸恵『流行と日本人―若者の購買行動とファッションマーケティング―』白桃書房，2001年，91頁参照。

2）日本繊維製品消費科学会『わたしにもできる消費者の情報調査』弘学出版，2000年，第1章を参照。
3）芝祐順『因子分析』東京大学出版会を参照。

第7章
ブランド

1. 序説

　2003年10月23日，カネボウ株式会社と花王株式会社は，化粧品事業の統合に合意したと発表した。カネボウ株式会社はブランシール，テスティモ，リサージ，RMKといったブランドを所有しており，他方，花王株式会社はソフィーナ，オーブ，エストといったブランドを所有している。化粧品事業の統合の目的として，ブランド価値を高め国内におけるリーディングカンパニーを目指すとしている。その後，両社による化粧品事業の統合は白紙撤回されるのであるが，この事例は企業経営においてブランドを有することの重要性を顕著に表している。

　従来，経営の三要素として人・物・金といった3つのことが考えられ，また情報も企業経営をおこなう上で必要なものであると考えられてきた。加えて，今日，企業経営をおこなう上で，ブランドも必要であると考えられていることも上記のカネボウ株式会社および花王株式会社による化粧品事業部の統合の例からも明らかである。また書店に行けばブランドに関する書物が数多く並んでいる。

　ブランドと一言でいっても，その言葉から受ける印象はさまざまであると考えられる。そこで本章では，ブランドとはどういったものなのか，また企業経営をおこなう上でブランドを持つことによる優位性，マーケティングにおいてブランドとはどのように考えられてきているのかについて考察していく。加えて本章では，消費者はブランドという言葉に対してどのようなイ

メージを持っているのかを調査している。

2. ブランドの優位性

　ブランドという言葉は，brandr（焼く）という意味に由来しており，昔，人々が飼っている家畜に他人との違いをつけるために焼印をつけたことからきている。

　ブランドとは「ある売り手の商品やサービスが他の売り手のそれと異なると認識されるような名前・言葉（term）・デザイン・シンボルその他の特徴のことである」（アメリカマーケティング協会）や「ブランド brand または銘柄。同一カテゴリーに属する他の製品（財またはサービス）と明確に区別する特性，すなわち名前，表現，デザイン，シンボルその他の特徴を持った製品。法律上ブランドの名前に相当する用語は，商標（trademark）である。」（日本マーケティング協会）と定義されている。両者ともほぼ同様の内容でブランドに対して定義していることがわかる。つまり，これらの定義によるとブランドとは，自分が所有するモノやサービスと区別するために付けられた名前等であると理解できる。では，企業が経営をおこなっていく上で，ブランドを所有することにより競合他社と比べどのような優位性を持つことができるのであろうか。ブランドを持つことにより，優位性が発生しなければ，今日のようなさまざまな企業がブランド構築に注目しないであろう。そこで以下に，ブランドを持つ優位性について考えられる主な4つの点について述べている。

　第一の優位性として商品のメーカーを顧客に認知させることができるということが考えられる。これはブランドを所有することにより，消費者に競争企業の商品より自社の商品を選択するよう働きかけることが可能である。

　第二の優位性として商品における品質の一貫性を顧客に伝えることができると考えられる。これはブランドを所有することにより，消費者に対して商品の品質を約束し，その商品への忠誠心を高めることより，競合他社との商品に対して差別化が可能である。

第7章　ブランド　123

　第三の優位性として顧客の商品に対する忠誠心を高めることができる効果を有することが考えられる。これもブランドを所有することにより，競争企業よりも差別化が可能である。
　第四の優位性として価格競争から商品の価値を守ることができる，すなわち，不当な価格競争に加わらなくてすむというメリットが考えられる。
　以上，企業経営においてブランドを持つ4つの優位性について述べたが，ブランドを所有する優位性は以上のものにおさまらず，さまざまなことが考えられる。その一つにブランドを所有することにより，プロダクト・ライフサイクルにおける衰退期をむかえる時期を遅らせることが可能である。

2.1　プロダクト・ライフサイクル

　プロダクト・ライフサイクルとは図7-1のように表すことができる。この図は商品の寿命を表しており，導入期，成長期，成熟期，衰退期というサイクルが訪れ，やがて商品は市場から無くなるという流れを表している。この図をもとに，売上高，利益，競争企業の3つのポイントから見ていくことにする。

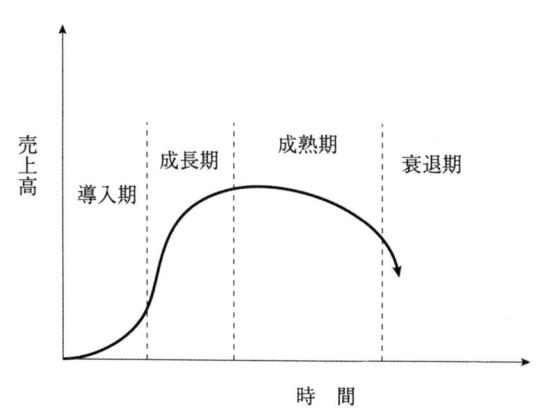

図7-1　プロダクト・ライフサイクル

　導入期における売上高についてみると，商品を市場に投入したばかりの時期であり消費者は商品の認知はしておらず売上高は低い。利益についてみると，売り上げが低いことに加え，商品開発にかかる費用などに売り上げは吸

収される時期であり，利益はほとんどでない。競争企業については，ほとんどいない状態である。この時期の消費者層はイノベーターと呼ばれる消費者である。イノベーターとは，新商品に対していち早く行動を起こす消費者のことである。

　成長期における売上高についてみると，商品を投入した市場は急激に拡大する時期であり，消費者に認知される時期である。利益についてみると，売り上げが拡大するに伴い利益は増加する。競争企業については，市場の拡大に伴い多くの企業が参入する時期である。この時期の消費者層はアーリーアダプターと呼ばれる消費者である。アーリーアダプターとは，流行に敏感な消費者のことである。

　成熟期における売上高についてみると，市場は安定した状態になり，成長期のような急激な増加ではなく，安定した売上が見込める時期である。利益についてみると，売上高と同じく安定する時期である。競争企業においても同じく増加するのではなく多数存在するという状態になる。この時期の消費者層はフォロワーと呼ばれる消費者である。フォロワーとは保守的な消費者のことである。

　衰退期における売上高についてみると，市場に投入した商品が時代に適応せず，陳腐化していき低下していく。これに伴い利益も低下していく。競争企業についても，売上も伸びず，利益も生まない市場からは撤退していく。この時期の消費者層は成熟期における消費者層と同じくフォロワーが中心となる。

　以上，プロダクト・ライフサイクルについて売上高，利益，競争企業という3つのポイントに着目して，商品の流れについてみてきた。しかしながら，上記においても述べたように，企業がブランドを所有することにより，そのブランドが消費者に受け入れられることができれば，すなわち消費者の忠誠心をそのブランドに抱かせることができれば，衰退期が訪れる時期を延ばすことができるのである。そのためには，いかにしてブランドを育てていくかということが重要になる。

　図7-1において表したプロダクト・ライフサイクルは基本の形であり，全ての商品がこのような曲線を描くとは限らない。この他の形として，鳥居

直隆氏は『ブランドマーケティング』において6つのタイプのライフサイクルの曲線を紹介している。それは図7-2において表した6つのタイプのライフサイクルである[1]。6つのタイプとは図7-2からわかるとおり，短命型，瞬間失速型，じり貧型，晩成型，ふたコブ成長型，連続成長型の6つである。それぞれのタイプの特徴についてみていくと，短命型とは市場に商品を投入したもののすぐに市場からなくなるタイプである。瞬間失速型とは導入期が短く，すぐに成長期に入るが，成熟期を迎えることなく衰退していくタイプである。じり貧型とは，急激な成長期を迎えるでもなく，衰退していくタイプである。晩成型とは導入期から成長期に至るまでに長期間の時間を有するタイプである。ふたコブ成長型とは導入期，成長期，成熟期，衰退期を迎えるのではあるが，衰退期の状態からまた成長するタイプである。連続成長型とは衰退期を迎えることなく成長期および成熟期が続くタイプである。

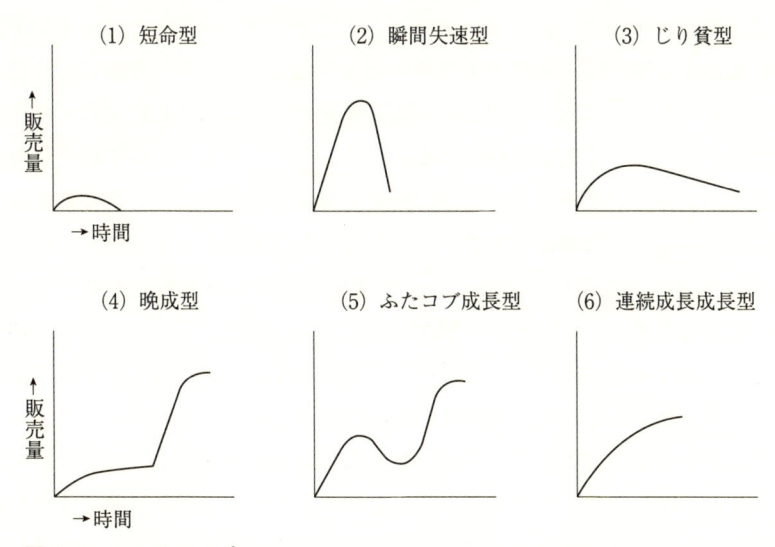

図7-2　6つのタイプ
出典：鳥居直隆『ブランドマーケティング』ダイヤモンド社，1996年，203頁。

以上，基本的なプロダクト・ライフサイクルの他に6つのタイプのライフサイクルについて見てきた。企業がブランドを育てるにあたり，上記の6つのタイプ内，短命型，瞬間失速型，じり貧型は失敗であり，消費者に商品を

ブランドと認識される前に市場から姿を消しているのであり，ブランドとして育てるには晩成型，ふたコブ成長型，連続成長型のいずれかを目標としなければならないとしている[2]。

　以上，企業がブランドを所有することにより商品のライフサイクルにおける衰退期が訪れるのを遅らすことができる可能性について述べ，またブランドを育成するにあたり，目指さなければならないライフサイクルについて述べた。しかしながら，本章の2-1で述べたように，ブランドとは他の商品やサービスと区別するために付けられた名前等である。何故，商品をブランドにすることによって上記のような効果を有するのであろうか。この疑問ついてこの後の章でみていくことにする。

3. ブランドの源泉

　ブランドについて，日本マーケティング協会やアメリカマーケティング協会が定義する内容は，商品およびサービスを他社と区別するために付けた名前等であるとしている。この定義に従い考えると，日本における全ての商品はブランドとなってしまうのではないであろうか。名前の付いていない商品を探す方が難しいであろう。確かに野菜や鮮魚等は，そのモノ自体の名前で売られているが，近頃は生産者や産地を付けることによってブランド野菜，ブランド魚として売り出されて，その価値を高めているモノも少なくはない。しかしながら，商品やサービスに名前を付けるだけで，ブランドと呼べるモノなのであろうか。上記で述べた定義に従うのであれば，ブランドなのであろう。しかしながら，消費者は商品に名前が付いただけのモノをブランドとは認知しないであろう。そこには商品に対する付加価値，つまりロイヤリティが存在しないからである。商品をブランドとするためにはブランドロイヤリティを生み出さなければならないのである。では，ブランドロイヤリティとは何であろうか。

3.1　ブランドロイヤリティ

　前章において，プロダクト・ライフサイクルにおいてブランドとして失敗

する例を3つ示した。そこからわかることは、消費者から商品を継続的に購入してもらうことができなかったために市場から姿を消すことになったということである。対して、成功する3つの例からわかることは、商品を消費者から継続的に購入してもらうことができたために市場から姿を消さないでいるということである。このことからわかるように、企業経営をおこなう上で、消費者から継続的に商品およびサービスを購入してもらうことが重要になってくる。消費者から商品に対して信頼や愛着を得ること、これこそがブランドロイヤリティである。

　ブランドロイヤリティとは、ある特定ブランドを過去に利用したり経験することによる満足から生じる好ましい態度（コミットメント）であり、そのブランドを反復的に購買することである[3]。

　例えば、ある消費者がミネラルウォーターを買いにスーパーマーケットに行った場面を想定することにする。その消費者は常にある特定のブランドのミネラルウォーターを購入することに決めている。しかしながら、買いに行ったスーパーマーケットには、他のブランドであるミネラルウォーターは販売しているが、常に購入しているブランドのミネラルウォーターは販売していなかったとしよう。そのような場面において、他のブランドであるミネラルウォーターを購入するか、それとも常に購入しているブランドのミネラルウォーターを購入するために、他のスーパーマーケットにまで移動するか。この例からわかることは、後者の行動の方が強い愛着および信頼であり、このような行動をする消費者をどれだけ企業として創りあげることができるかということが重要になってくる。このように、商品およびサービスに対する愛着や誇りという感情を、ブランドロイヤリティと呼ぶ[4]。

　では、もう少し具体的にブランドロイヤリティを消費者に意識させることにより、企業経営にはどのような効果を表すのであろうか。

　消費者にブランドロイヤリティを意識させることによる効果としては、反復購入性、拡大可能性、流行耐抗性、価格競争耐抗性という4つの効果が考えられる[5]。

　まず、反復購入性とは、消費者がある商品およびサービスに対して愛着や信頼があるため、消費者は一旦、商品およびサービスに対してブランドロイ

ヤリティを抱くと，継続的にその商品を購入するということである。消費者が継続的に商品およびサービスを購入するという行為は，企業経営を行う上で利益を継続的に得ることであり，非常に重要な要素である。

　次に拡大可能性とは，ある商品およびサービスに対して消費者がブランドロイヤリティを抱いていると，その商品およびサービスを基本とする新たな商品およびサービスに対して抵抗無しに受け入れてくれる可能性の高さである。例としては，メルセデス・ベンツのファッション分野での展開等が挙げられる。新ブランドを構築するのに比べて，リスクが少ない点がメリットである。しかしながら，基本とするブランドからあまりにもかけ離れることになると，双方のブランドロイヤリティを失う可能性も存在する。

　流行耐抗性とは，プロダクト・ライフサイクルの項目において述べた機能である。消費者にロイヤリティを抱かせることにより，ライフサイクルにおける成熟期を延ばすことに加え，流行などの流れから商品およびサービスを守ることができる。

　価格競争耐抗性とは，価格競争の流れから商品およびサービスを守る機能である。商品およびサービスに対して消費者がロイヤリティを抱くということは，価格以外の面で価値を認めることである。そのために同様の商品およびサービスが低価格で市場に出現したとしても，消費者に対してロイヤリティを抱かせることに成功した企業は価格を下げることを望まれることはなく，価格競争の流れに加わらなくてすむ。

　以上，4つのブランドロイヤリティを企業が消費者に抱かせることにより，企業が享受する効果についてみてきた。これらからわかることは，企業経営においてブランドというものがいかに重要なモノかわかる。そこで，ブランドというのは企業経営において資産なのではないかという考え方が出現した。これをブランドエクイティと呼ぶ。次節では，このブランドエクイティについてみていくことにする。

4. ブランドエクイティ

ブランドという言葉が企業経営において盛んに使用される契機となった理由の一つとして、アメリカのデービット・A・アーカー教授の著書『Managing Brand Equity: Capitalizing on the Value of a Brand Name』の出版が考えられている。

ブランドエクイティの考え方とは、ブランドというモノは企業が所有する資産であると捉え、ブランドは管理するものであるとしている。

アーカー教授は、ブランドエクイティについてブランドエクイティとは、ブランドないしその名前およびシンボルに結びついたブランド資産と負債の集合であり、製品またはサービスに価値を加えたり減じたりするものとして定義している[6]。

また図7-3において表しているが、ブランドエクイティは、ブランドロイヤリティ、名前の認知(ブランド認知)、知覚品質、ブランド連想、他の所有権のあるブランド資産の5つの要素から構成されているとしている[7]。

そこで、本節ではアーカー教授の考えるブランドエクイティとはどういったものなのかについて、ブランドロイヤリティ、ブランド認知、知覚品質、ブランド連想という4つの要素の持つ効果についてみていくことにする。

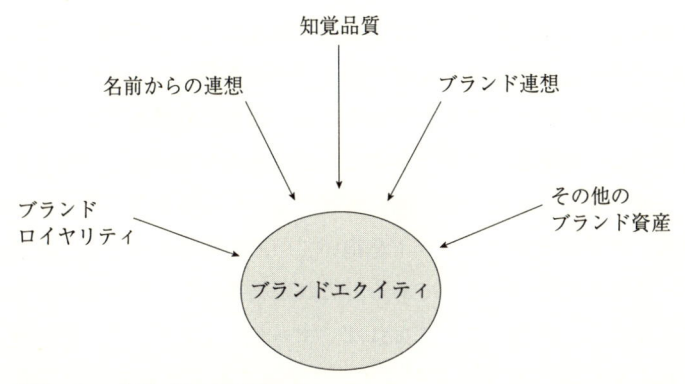

図7-3 ブランドエクイティ

出典：Aaker, D. A., *Managing Brand Equity*, The Free Press, 1991, p.17を参照。

4.1 ブランドエクイティにおけるブランドロイヤリティ

　企業が消費者に対してブランドロイヤリティを抱かせることにより得る効果については，前節においてみてきた。ここでは，ブランドエクイティの構成要素としてブランドロイヤリティがどのように考えられているのかについてみていくことにする。

　ブランドエクイティにおいて考えられているブランドロイヤリティの機能としては前節で述べた内容と同様である。

　企業経営において，消費者に対してブランドロイヤリティを所有することは，ブランドエクイティを構成する基礎部分であるとしている。

　ただし，ブランドエクイティにおいては，前節においてブランドロイヤリティを所有することにより得られる効果とは別に，他に3つの効果を有すると考えられている[8]。まず，ひとつは，マーケティングに係る費用を削減する効果があるとしている。これは，消費者がすでにある商品およびサービスに対してロイヤリティを抱いている場合，追加的にマーケティング活動を行わずとも，消費者は商品およびサービスに対して愛着や信頼を抱いているため継続的に商品を購入してくれるということである。次の効果としては，企業との取引における費用を削減できることである。企業対企業との取引において，ブランドロイヤリティを所有する企業，すなわち消費者に愛着や信頼を得ている企業の商品は継続的に購入されることになる。それにより，商品に対してブランドロイヤリティを所有する企業は，価格交渉等から逃れることが可能となり結果，取引における費用を削減できるのである。これは，前節において述べたブランドロイヤリティが有する効果のひとつである価格競争耐抗性の効果と同様であると考えられる。最後の効果として，新規の顧客に対してアピールすることができることが考えられている。ブランドロイヤリティを所有することは，継続的に購買してくれる消費者を得ているのと同様である。ブランドロイヤリティを抱いている消費者を通じて，新規の顧客にアピールできるということである。これは結果として，新規の顧客がブランドロイヤリティを抱くことになれば，マーケティングコストの削減につながり，はじめに述べたブランドロイヤリティを所有することによりマーケティング活動に係る費用を削減できる効果につながると考えられる。既存の

顧客が広告の役割を果たしてくれるためにプロモーションに係るコストを削減できる効果として考えられる9)。

以上が，ブランドエクイティにおけるブランドロイヤリティに対する考えである。

4.2 ブランド認知

ブランド認知とは，消費者がそのブランドに対してどれほど認知しているかということである。認知とは，それをはっきりと認めるという意味である。アーカー教授はブランド認知に対して次のとおり定義をおこなっている。ブランド認知とは，あるブランドがある製品カテゴリーに明らかに属していることを，潜在的消費者が認識または想起することができるということである10)。

例えば，質問者がある製品カテゴリーについて質問したとする。その時回答者がその製品カテゴリーにおいて一番最初に思い浮かべる商品名があるとする。それがブランド認知である。これはブランド認知は再生と再認にわけて考えることができる。再生とは，製品カテゴリーとその商品が消費者の中で結びついており，すぐに商品名が思い出されることをいう。他方，再認とは，製品カテゴリーとその商品名は消費者の中で結びついておらず，なにかの情報やヒントを与えることにより，商品名が思い浮かぶことを指す。

企業は，ブランド認知を消費者に抱かせることにより，ある製品カテゴリーにおいては，この商品であると判断し，購入という結果になる。すなわち，ある製品カテゴリーにおいてどれだけの消費者に，自社の商品を認知させるかということが売上の結果に影響するのである。

ブランド認知を高める方法として，スローガンの使用やシンボルの露出，イベント等へのスポンサーとしての参加が考えられている11)。これらの他にブランド認知を高める方法としては，新しいキャラクターを作成し使用することや，既存のキャラクターを使用すること等が考えられる。企業がスポンサーとしてイベント等への参加という点からみると，スポーツイベントに対して企業がスポンサーとして参加することが考えられる。企業がスポーツイベントへの参加することにより得られる効果としては，企業の知名度とイ

メージの向上，競合との差別化，地域・社会貢献，社員やスタッフの士気高揚，販売促進・営業支援の5つが考えられる[12]。

企業の知名度とイメージの向上とは，企業がスポンサーとなることからスポーツイベント会場には広告等が設置されることにより企業名または商品名が消費者の目に触れることになる。加えて，特定のスポーツチームに対して企業がスポンサーとなることにより，特定スポーツチームを応援するファンまたはサポーターは，その企業に対するイメージが向上することが考えられる。競合との差別化とは，企業が特定スポーツチームに対してスポンサーとなることにより，契約によっては，その特定スポーツチームのロゴやマークを商品に使用でき，他の企業との差別化を図ることが可能である。例えば，キリングループはサッカー日本代表のスポンサーとなることにより，さまざまなサッカー日本代表関連の商品やイベントを消費者に提供している[13]。地域・社会貢献とは，企業がスポーツイベント等に参加することにより地域等に貢献することである。加えて，イベント等に広告等を設置することにより，イベント参加者はそれらの看板を目にする機会を得る。社員やスタッフの士気高揚の効果とは，スポーツイベントや特定スポーツチームを支援することにより，社員やスタッフが一体感を持つインセンティブになることが考えられる。販売促進・営業支援の効果とは，企業が特定スポーツチームを支援することにより，その特定チームのロゴやマークを使用することにより他社との差別化を図ることができ，その結果，販売促進・営業支援の効果が得られることが考えられる。以上，企業がスポーツイベント等に参加することによる効果についてみてきたが，これらから考えられることはスポーツイベント等を通じて企業が消費者に訴えかけることにより，ブランド認知を高めることができる。

次項では，ブランドエクイティの構成要素である知覚品質についてみていく。

4.3　知覚品質

ブランドエクイティを構成する要素としての知覚品質とは，ある製品またはサービスの意図された目的に関して代案品と比べた，全体的な品質又は卓

越性についての消費者の知覚であると定義されている[14]）。

　知覚品質とは，消費者が商品およびサービスに対してどのような品質イメージを持っているかということである。例えば，同じ品質の2つの商品があるとし，消費者はどちらを選択し購入するであろうか。おそらく消費者が購入するのは品質に対して良いイメージを抱いている商品の方を購入するであろう。これが知覚品質である。企業経営において商品およびサービスの品質向上に努めるのは当然であり，消費者のイメージに頼って品質向上をはからないということは結果的に企業の衰退を表すことになる。すなわち，商品およびサービスにおいて消費者に対して良い品質イメージを抱かせることは非常に重要な要素である。消費者に知覚品質を向上させるためにはさまざまな方法が考えられるが，知覚品質を向上させることにより消費者に商品を購入させるきっかけを与えることができる。また，企業が知覚品質を所有することにより，上記の例において説明したような，他企業の商品との差別化を図れることも考えられる。知覚品質はブランドロイヤリティを構成する一つの要素としても考えることは可能ではないであろうか。次項では，ブランドエクイティの構成要素であるブランド連想についてみていく。

4.4　ブランド連想

　ブランドエクイティを構成する要素であるブランド連想は，ブランドに関する記憶における「関連した」すべてのことであると定義されている[15]）。また，ブランドエクイティは消費者のブランド連想，すなわち，ブランドに関する記憶と関連する要因によってもたらされたものである[16]）。

　ブランド連想とは，消費者があるブランド名を聞いて，どのようなイメージを連想するかという幅であるというふうに考えることができる。例えば，プーマという名を聞いて消費者はさまざまなイメージを思い浮かべるであろう[17]）。ある者はプーマから，スポーツシューズを思い浮かべ，またある者はプーマがスポンサーとして参加しているスポーツチームの名前を思い浮かべるかもしれない。プーマ独特のテレビCMを思い浮かべる者もいるかもしれない。このようなイメージの広がりがブランドエクイティを構成する要素であるブランド連想であると考えられる。

ブランド連想が持つ効果としては，他企業との差別化，購入理由，拡張のための基盤等が考えられている[18]。

　他企業との差別化とは，商品およびサービスに対して消費者がさまざまなイメージを抱くことにより，商品それ自体ではない価値を付加することができる。購入理由とは，商品およびサービスに対して消費者がさまざまなイメージを抱くことが購入の動機となることである。例えば，テレビCMにおいてタレントやスポーツ選手を起用している場合，そのタレントやスポーツ選手を応援している消費者は同じような商品が存在するとしても，他の商品は購入せず，特定の商品を購入する可能性が考えられる。拡張の基盤とは，企業が新しくブランドを展開しようとすると，それに伴いリスクも発生することが考えられる。しかしながら，今現在企業が所有するブランドのイメージを生かすことにより新しく誕生させるブランドに伴うリスクを低減させる効果が期待できる。

　以上がブランドエクイティを構成する4つの要素である，ブランドロイヤリティ，ブランド認知，知覚品質，ブランド連想についての説明である。では，企業経営においてブランドを扱っていくにはどうすればよいのか，ブランドマネジメントをするにはどうすればよいのかについて次節でみていくことにする。

5．ブランドマネジメント

　前節までにおいて，企業経営においてブランドを所有することにより得られると考えられる効果についてみてきた。企業経営においてブランドを所有することは市場においてさまざまな競争企業に対して優位性を持てる非常に重要な要素であることは明快である。しかしながら，ブランドを所有しても，それをうまくマネジメントできなければ意味をなさない。ブランドを所有しているが，マネジメントがうまく機能していなければ企業にとって非常に危険であると考えられる。何故ならば，ブランドを所有しているがために広く消費者に知れ渡っており，ひとつの不祥事で企業はブランドを失うどころか企業そのものが社会から消えてゆくかもしれない。また，マーケティン

グとは消費者のニーズを満たすことであり,そのため対象とする消費者に対して効果的かつ効率的にマーケティング戦略を実行していかなくてはならない。そのためのひとつの手段としてブランドを構築し,マネジメントすることが考えられる。そこで本節では,ブランドをマネジメントするにはどうすればよいのかについてみていくことにする。具体的には,ネーミング,ブランドの組み合わせとブランド階層,ブランド管理等についてみていくことにする。

5.1 ネーミング

　ブランドとは商品に付けられた名前であることは,アメリカマーケティング協会や日本マーケティング協会において定義されている内容からわかる。ただし,ブランドとはただ単に商品に付けられた名前以上の効果を企業に与えることについては前節においてみてきたとおりである。商品がブランドとなるためには商品に対して名前を付けなければならない。もし商品に対して名前を付けなければどうなるであろう。商品に対して名前を付けなければ消費者に対して認知されることはなく,認知されなければ選択されることもない。1993年,アメリカのミュージシャンであるプリンスは自ら名前の代わりにマークを使用するということに試みたが,市場はそれを認めずコモディティでもない限り,いかなる商品にもネームが求められるのである[19]。商品に対して名前をつける,つまりネーミングすることがブランドを創る第一歩となる。

　まず,商品に対して名前を付けるにあたり選択の基準として考えられることは,①製品の便益,ならびに品質に関して何かを顧客に訴える力をもつこと,②顧客にとって発音しやすく,見分けやすく,しかも記憶しやすいこと,③競合製品と区別しやすいこと,④外国語へ置きやすいこと,である[20]。ネーミングにおいて上記①のように商品の特徴などを表わすことは重要であるが,名前に商品の特徴等を表す意味を含まない場合もある。また,ブランドネームには創業者の名前がそのまま使用される場合もある。商品開発当初において違和感を感じる言葉であったとしても,消費者に受け入れられ時間の経過と共に違和感を感じなくなることがある。ブランド名が時間の経過とと

もに一般名詞になってしまった商品も市場には多く存在する。つまり，商品に対してネーミングすることは非常に重要であるが，それ以上に重要なことは市場に商品を投入後どうやってマネジメントしていくかということである。

　次にブランドの組み合わせとブランド階層についてみていくことにする。

5.2　ブランドの組み合わせとブランド階層

　商品に対してネーミングをする場合，企業ブランド（企業名）と個別ブランド（商品名）を組み合わせ消費者に訴えるケースや，企業ブランド（企業名）と個別ブランド（商品名）を組み合わせず消費者に訴えるケース等さまざまな組み合わせが考えられる。

　企業ブランドと個別ブランドを組み合わせ消費者に訴えるケースとしては，「アサヒスーパードライ」や「キリン一番搾り」といったものがある。他方，企業ブランドと個別ブランドを組み合わせず消費者に訴えるケースとしては，「ポカリスエット」や「アクエリアス」といったものがある。後者の商品では個別ブランドのみであり企業ブランドは出てこない。前者のように，個別ブランドに企業ブランドがついている場合は，二重商標（Double Mark）と呼ばれる[21]。

　企業名がついたブランドは，ブランドの知名率や選好度を高めるために，企業という傘を活用したいという意図が考えられ，他方，個別ブランド名のみを使用するのは，消費者に対して自由な存在としてブランド名をアピールしたいという企業の意図が考えられる[22]。

　前者のメリットとしては，マーケティングコストが削減でき，市場に商品を投入する際のリスクを低減できる効果が考えられるが，企業名がつくことにより商品自体の特徴等がぼやける危険性もある。また，ブランド戦略の失敗は企業にとって致命的なダメージを受ける危険性もある。後者のメリットとしては，消費者にとって新しい認識であり，企業イメージにとらわれることなく，イメージとしてはゼロからの出発であるため，将来どのように成長していくかマネジメント次第であり未知数であると考えられるが，消費者にブランド名を認識してもらうためには多くのプロモーション費用等のマーケティングコストが発生し，加えて消費者に受け入れられないというリスクも

伴うことになる。しかしながら，ブランド戦略に失敗したとしても，企業ブランドは表に出ておらず個別商品が市場から撤退するだけで比較的ダメージを少なくできるというメリットもある。

　以上，ブランドの組み合わせについてみてきたが，ブランドとは企業ブランド，個別ブランドとは他に事業ブランド，ファミリーブランドという2つの階層が考えられる。

　事業ブランドとは，製品事業ごとのブランドを指す。例えば，ソニーでは，バイオやベガといった製品事業ごとにブランドを創りだしている[23]。

　ファミリーブランドとは，個別ブランドが他のカテゴリーに拡張された結果生まれたブランドのことを指す[24]。例えば，株式会社マンダムはルシードというブランドでスタイリング剤やフェイスケア用品にと幅広く商品展開をおこなっている[25]。

　以上，ブランド階層には4つの階層，企業ブランド，個別ブランド，事業ブランド，ファミリーブランドが考えられ，これらをどう組み合わせてまたは組み合わせずブランド戦略を実行していくことになる。ブランド階層は図7-4のとおりあらわすことができる。

　次節では，市場にブランドを投入後，どのように管理をおこなっていけばよいのかについてみている。

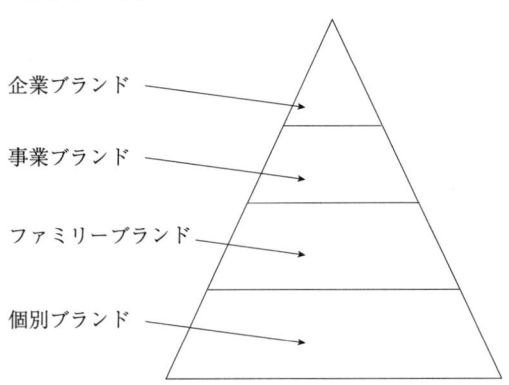

図7-4　ブランド階層

5.3 ブランド管理

市場に商品を投入後，その商品が消費者からブランドと認識されることにより，その効果としてプロダクト・ライフサイクルにおける成熟期を延長できると考えられる。しかしながら，ブランドであるからといって何もしなければいずれ衰退期を迎えることになる。少しでも衰退期を遠ざけるために企業は市場に商品投入後，改善しブランドの強化を続けていかなければならない。そのためブランドを管理する組織が必要となる。

ブランドを管理するための組織として，2つのタイプが考えられる。個別ブランドを管理するための組織と総合的にブランドを管理するための組織という2つのタイプである。

個別ブランドを管理するための組織とは，個別ブランドの特性を活かしながら管理をしていく組織である。個別ブランドを管理するための組織としては，事業部制やブランドマネージャー制が考えられる[26]。ブランドマネージャー制とは，ブランドのアイデンティティとポジショニングに関して責任を負い，必要な投資を確保してアイデンティティを維持し，全てのメディア活動がアイデンティティと首尾一貫していることを確認することである[27]。

総合的にブランドを管理するための組織とは，全社的な経営という立場から，市場全体に合わせてブランドを管理しようとする考え方であるが，個々のブランドの個性は尊重するものの，優先するのは市場全体での効率であり，市場に合わせたブランドは配置し，最大の経営効率を得ようとするやり方である[28]。総合的にブランドを管理するための組織としては，チーフ・ブランディング・オフィサー（CBO）制が考えられる。CBOとは，組織内の全主要ブランドに対するパフォーマンスとそれに付随する戦略に最終的な責任を持つ役職である[29]。

ブランド管理において重要なことは，ブランドがセグメントされた消費者のニーズと対応しているかを常にチェックすることや，セグメントにおける競合他社とのポジショニングについて現状把握することである。セグメントとは，消費者を地理的要因や年齢，性別，年収，価値観等といった項目において消費者をグループ分けすることである。

また，市場は常に変化をしておりブランドを継続的に消費者に認知させ，

購入させるためには，マーケティングの基本である Plan, Do, See を繰り返しおこなう必要がある。ブランド管理にあてはめると，Plan とはブランドの基本戦略であり，Do とはブランド戦略を実行することである，See とは実行したブランド戦略を評価することであり，このサイクルを常におこなっていかなければならない。また，ブランドの価値を定期的に測定していくことも重要である。

　以上がブランドマネジメントについてである。企業は商品を市場に投入し，ブランドとして育てていくためにネーミングやブランドの組み合わせ等といったさまざまな戦略を実行し消費者に訴え続けている。アメリカマーケティング協会や日本マーケティング協会のブランドに対する定義に従うのであれば，全ての商品はブランドであるといえる。しかしながら，消費者はブランドという言葉に対して違うイメージを抱いているのではないであろうか。そこで，次節では，消費者がブランドという言葉に対してどのようなイメージを抱いているのかということを調査した結果を示している。

6. ブランドという言葉に対する調査

　本節の目的はブランドという言葉に対して消費者（本研究では大学生を対象としている）が抱いているイメージを明らかにし，現在ブランドに対して定義されている内容との違いを明らかにすることである。また消費者が抱くブランドに対するイメージを明らかにすることによって，ブランド構築に対する問題点を明らかにしていくことを目的としている。

6.1　調査目的

　元来，ブランドとは「ある売り手の商品やサービスが他の売り手のそれと異なると認識されるような名前・言葉（term）・デザイン・シンボルその他の特徴のことである」（アメリカマーケティング協会）や「ブランド brand または銘柄。同一カテゴリーに属する他の製品（財またはサービス）と明確に区別する特性，すなわち名前，表現，デザイン，シンボルその他の特徴を持った製品。法律上ブランドの名前に相当する用語は，商標（trademark）

である。」(日本マーケティング協会)と定義されている。両者ともほぼ同様の内容でブランドに対して定義していることがわかる。

　上記における定義をみると両者に共通していることはブランドとは名前やシンボルであるといったことである。ブランドは見えざる資産と表現され，また会計学におけるブランドは無形資産という形で分類されている。しかしながら，上記の定義に従うのであれば，ブランドは名前やシンボルであり，目に見える資産であるということがいえるが，本研究で対象とするのはブランドの目に見えない部分である，ブランドに対するイメージである。目に見えないブランドのイメージこそがブランドの効果を生み出す源泉である。本研究では，このブランドの効果を生み出すイメージについて消費者がどのようなイメージを抱いているのかを調査するとともに明らかにする。なお，本研究は個々の企業に対してのイメージではなく，ブランドという言葉に対して消費者がどのようなイメージを抱いているのかを調査し明らかにしている。

6.2　調査方法
(1)　予備調査

　予備調査では大阪府に在住する大学生324名(男子263名，女子61名)を対象に質問票を用いた調査をおこなった。調査時期は2003年4月上旬，集合調査法を用い回収率は100%である。質問票において3問の質問を行った。第1の質問はあなたがブランドと聞いて何を思い浮かべるか。第2の質問は洋服を購入する際のポイントはなんであるか。第3の質問は日常品を購入する際のポイントは何であるか，を各々自由記述方式で質問をおこなった。

　予備調査で得た結果は以下で述べているが，ブランド＝ファッションであるというイメージが得られたため，次の本調査ではファッション・ブランドに対するイメージ調査をおこなっている。

(2)　本調査

　本研究では，大阪府に在住する大学生324名(男子250名，女子74名)に質問紙を用いた調査をおこなった。調査時期は2003年4月下旬，集合調査法を用い回収率は100%である。その回答をデータとしてブランドに対するイメージを抽出することとした。質問票は中川教授のファッションイメージ尺

度を用いた。なぜならば「ブランド」に関する予備調査結果からこれらが有効であると判断したからである。質問表の質問項目は，ファッション・ブランドは魅力的である，ファッション・ブランドは華やかだ，ファッション・ブランドは高級だ，ファッション・ブランドは都会的である，ファッション・ブランドは贅沢である，ファッション・ブランドは憧れである，ファッション・ブランドは信頼できる，ファッション・ブランドは一流である等の30項目を質問している。

6.3 分析手法

予備調査においては単純集計をおこない，本調査においては5段階評価で得た1～5までの数値をデータとし，主因子法による因子分析を用いた。尺度としては1が全く思わない，2がやや思わない，3がどちらでもない，4がやや思う，5が強く思うとしている。

6.4 調査結果

(1) 予備調査の結果

第1の質問に関しては企業の固有名と製品群の回答が多く得られた。固有名としては1位ルイ・ヴィトン，2位グッチ，3位シャネルである。製品群としては1位衣服，2位バッグ，3位化粧品という順になった。第2の質問に関してはブランド，素材，値段，サイズ，似合うかどうかといったモノが挙がり，女子大学生においてのみかわいいかどうかという回答が得られた。第3の質問に関しては多くの者が値段および性能を挙げ，ブランドを重視するという回答は得られなかった。これらの結果から，消費者がブランドという言葉からイメージするものはファッション・ブランドおよびファッションに関する事柄であることから，本調査においてはファッションに限定してブランドという言葉に対するイメージを調査している。

(2) 本調査の結果

まず，回答から得たデータの平均値から1位ファッション・ブランドは贅沢である (4.028)，2位ファッション・ブランドは高級である (4.019)，3位ファッション・ブランドは親しみやすい (3.746) といった結果が得られ

た。以下，華やかだ，素材が良い，魅力的である，信頼できる等といったものが挙がった。

　次に因子分析をおこなった結果が表7-1因子分析結果である。第1因子は，一流である，良い，綺麗だ，魅力的であるとなり，第2因子は，高級だ，重々しい，着やすい，大人っぽいとなり，第3因子は，冷たい，進歩的だ，斬新であるとなった。寄与率は第1因子が24.73，第2因子が8.34，第3因子が6.22で固有値は第1因子が7.71，第2因子が2.42，第3因子が1.80である。なお，第4因子以下は寄与率が6.00以下であったのと，固有値を1.80以上で取ったため，第3因子までとしている。ネーミングとしては，第1因子を「夢がある」，第2因子を「大人」，第3因子を「進歩的」としている。

表7-1　因子分析結果

第1因子		第2因子		第3因子	
一流である	0.701	高級だ	0.567	冷たい	0.604
良い	0.670	重々しい	0.516	進歩的だ	0.441
綺麗だ	0.670	着やすい	0.445	斬新である	0.402
魅力的である	0.647	大人っぽい	0.427		
寄与率	24.73		8.34		6.22
固有値	7.17		2.42		1.80

　　　　　　夢がある　　　　　　大人　　　　　　進歩的

6.5　結果からの考察

　予備調査から得られた結果からの考察としては，本研究では大学生を対象としているが，ブランドという言葉に対して抱くイメージとしてファッション・ブランドおよびファッション・アイテムであるということから，消費者の意識レベルではブランド＝ファッションとなっていることが考えられる。このことから，マーケティングにおいては，ブランドに対して定義されている内容と消費者が抱くブランドという言葉に対するイメージとの間に大きな差が存在すると言えるのではないであろうか。

　この溝を埋めることができればブランドというのは，消費者にファッションだけではないとイメージさせることができ，企業がおこなっているブラン

ディング，すなわちブランド構築に対しても新たな見解が得られるのではないであろうか。

　次に本調査からの考察であるが，調査の結果，ファッション・ブランドという言葉に対して消費者が抱くイメージとは，夢がある，大人，進歩的という結果が得られた。これらを製品及び人と関係づけて考えると，前者は持っていてイケているモノがブランドであり，後者は格好良い大人になるためのモノがブランドであるのではないかと考えられる。このことからブランドというのは大人のためのモノであり，若者のためのモノではないということが分かる。ヨーロッパなどではブランドのバッグなどといったモノはミドル・エイジぐらいから所有すると言われているが，本調査の結果を見ると日本の若者，ここでは大学生を対象としているが，ブランドに対する考え方が成熟化してきているのではないかと考えられる。

【注】

1）鳥居直隆『ブランドマーケティング』ダイヤモンド社，1996年，203頁参照。
2）同上書，203-204頁参照。
3）柏木重秋編『マーケティング概論』同文舘，1995年，93頁。
4）岡嶋隆三編著『マーケティングの新しい視点』嵯峨野書院，2003年，41頁参照。
5）鳥居直隆『ブランドマーケティング』ダイヤモンド社，1996年，84頁参照。
6）Aaker, D. A., *Managing Brand Equity*, The Free Press, 1991, p. 269.
7）*Ibid.*, p. 17.
8）*Ibid.*, p. 47.
9）博報堂ブランドコンサルティング『ブランドマーケティング』日本能率協会マネジメントセンター，2000年，25頁参照。
10）Aaker, *op. cit.*, p. 61.
11）*Ibid.*, pp. 72-76.
12）佐藤潤「日本のスポーツ界を表す6つのキーワード」『宣伝会議』宣伝会議，通巻625号（2001年12月号），23頁参照。
13）ここでの記述は以下の資料に基づく。麒麟麦酒株式会社ホームページ（http://www.kirin.co.jp/）
14）Aaker, *op. cit.*, p. 85.
15）*Ibid.*, p. 109.
16）陶山計介・梅本春夫『日本型ブランド優位戦略』ダイヤモンド社，2000年，35頁。
17）ここでの記述は以下の資料に基づく。プーマジャパン株式会社ホームページ（http://

www.puma.jp/）
18) Aaker, *op. cit.*, p.111.
19) 恩蔵直人・亀井昭宏編『ブランド要素の戦略論理』早稲田大学出版部，2002年，18頁。
20) 土井秀生『マーケティングマネジメント』東洋経済新報社，2001年，110-111頁参照。
21) 小川孔輔『ブランド戦略の実際』日本経済新聞社，1997年，38頁参照。
22) 同上書，38頁参照。
23) ここでの記述は以下の資料に基づく。ソニー株式会社ホームページ（http://www.sony.co.jp/）
24) 博報堂ブランドコンサルティング『ブランドマーケティング』日本能率協会マネジメントセンター，2000年，108頁参照。
25) ここでの記述は以下の資料に基づく。株式会社マンダムルシードネットホームページ（http://www.lucido-net.com/）
26) 青木幸弘・電通ブランドプロジェクトチーム編『ブランド・ビルディングの時代』電通，1999年，42頁参照。
27) アーカー，D.A.著／陶山計介・小林哲・梅本春夫・石垣智徳訳『ブランド優位の戦略』ダイヤモンド社，1997年，453頁。
28) 鳥居直隆『ブランドマーケティング』ダイヤモンド社，1996年，225頁。
29) 青木幸弘監訳『ブランド資産価値経営』日本経済新聞社，2002年，274頁参照。

第 8 章
ブランド評価

1. 序説

　本章においては，ブランドをどのように評価すればよいのかについてみていく。企業経営においてブランドを所有することは，市場で競争企業に対して非常に重要で優位性を持つ要素であることは前章からもわかる。しかしながら，ブランドは企業経営において競争を優位にさせる資産であると考えることができるにもかかわらず，自社のブランドを資産として金額で評価し財務諸表に計上することは禁止されている。禁止されている理由としては，自社のブランドを資産として金額で財務諸表に評価計上すると恣意性が入り客観的ではないという理由などが考えられている。

　財務諸表の面から見れば，ブランドを構成要素として含むのれんに対する処理方法についてのみ規定は存在し，ブランドに対する規定というものは存在しない[1)2)]。そこで本章では，現在，会計上ブランドを構成要素として含むのれんに対してどのような規定が存在しているのか。加えて，アメリカにおいてはどのように規定しているのか，その生成，発展，動向についてみていくことにする。アメリカについてみる理由としては，いわゆる新会計基準同様，将来の日本の会計基準設定に影響を及ぼす可能性がある点，のみならず事実上唯一のグローバルスタンダードである国際会計基準に少なからず影響を及ぼしている点に求めている。

　また，現在日本において考えられているブランド評価の方法についてみていくことにする。

2. 日本における処理方法について

　企業会計原則において，のれんについては企業会計原則注解25が「営業権は，有償で譲受け又は合併によって取得したものに限り貸借対照表に計上し，毎期均等額以上を償却しなければならない。」と規定している。このことからのれんは償却しなければならないということは確認できるが，しかしながらその償却期間については規定されていない。

　連結財務諸表制度の見直しに関する意見書の第二部二5(1)③が次のとおり述べている。

　　「改定原則では，子会社の資産及び負債を時価評価した後に投資と資本の相殺消去を行なうため，消去差額である連結調整勘定は，事実上，のれんの性格を有する。なお，相殺消去の対象となる投資に持分法を適用していた場合には，持分法評価額に含まれていた連結調整勘定も含めて，連結調整勘定が新たに計算されることになる。連結調整勘定の計上に関しては，少数株主持分に相当する部分についても，親会社の持分について計上した額から推定した額を計上すべきであるとする考え方もあるが，推定計算により少数株主持分について連結調整勘定を計上することはなお問題が残されているため，改定原則では，のれんの計上は有償取得に限るべきであるという立場から，この考え方を採用していない。」

　このことから，連結調整勘定はのれんの性格を有するということがわかる。そしてのれんは有償取得に限られ，自己創設のれんは認められないとしている。

　のれんの性格を有する連結調整勘定の認識及び償却については連結財務諸表原則第四　三が規定しており，その内容は次の二つにまとめることができる。

　　第一に親会社の子会社に対する投資とこれに対応する子会社の資本は，相殺消去しなければならない。第二に相殺消去をするにあたり，差額が生じる場合には，この差額を連結調整勘定とし，連結調整勘定は原則として計上後20年以内に，定額法又は他の合理的な方法によって償却

しなければならない。しかしながらこの差額の金額に重要性が乏しい場合は，連結調整勘定が生じた期の損益として処理することも認める。

ここで問題になるのが，のれんの性格を有する連結調整勘定の償却方法についてである。連結調整勘定の償却期間は20年を最長に償却しなければならないとしているが，この償却期間に対する論理的説明はされていない。そして償却方法についてであるが，定額法を原則とするが，他の方法による償却も認められており，その結果，企業の期間損益の額が変動することになる。

商法において，のれんについては，商法第285条ノ7が規定しており，その内容は次のとおりである。

> のれんは有償で譲受又は会社の吸収分割や合併によって取得した場合に限り貸借対照表上の資産の部に計上することができる。このことから自己創設のれんは計上してはならないということがわかる。加えて第285条ノ7はのれんの償却方法についても規定しており，その内容は次のとおりである。

> 有償で譲受又は吸収分割や合併によって取得したのれんは，遅くとも5年以内に，毎期均等額以上の償却をしなければならないとしている。

以上が企業会計原則，証券取引法，商法におけるのれんに対する規定である。次に企業会計審議会第一部会が公表した「企業結合会計に係る論点整理」（以下，論点整理）の中でのれんに対してどのように規定しているのかについてみていく。

のれんの会計処理については大きく三つの会計方法が取り上げられている。第一の方法は，払込資本から控除する方法。第二の方法は，留保利益から控除する方法。第三の方法は，年度の純利益から控除する方法である。

第一の方法である払込資本から控除する方法および第二の方法である留保利益から控除する方法については採用するのが困難であると結論づけている。その理由は次のとおりである。企業結合における投資対価の全てが費用性支出とみなされ，その全額がいずれかの会計期間で費用になるというのが，現在の一般的な考え方であり，投資支出を費用に分配して年度の業績を測定するという企業会計の基本的枠組みにてらすと，採用するのが困難である[3]。そうなると，第三の方法においてのれんは会計処理されることになる

が，第三の方法においては次の三つの償却方法を検討している。その三つとは，即時に償却する方法，規則的に期間配分して償却する方法，アメリカにおけるSFAS142で要求されている方法と同様の非償却とし減損処理する方法である。

現状として日本では，のれんは企業会計原則では毎期均等額以上で償却する方法を明記しているだけに止まり，その償却期間については明記されていない。商法および法人税法では，5年以内に毎期均等額以上の償却が要求されているのに対し，連結財務諸表原則では，20年以内の定額法による償却が規定されている。償却方法について明記しているのは連結財務諸表原則のみであり，企業会計原則，商法，法人税法では償却方法が企業の判断に委ねられている。このことから，のれんの償却方法に対して企業の恣意性が介入することにより，企業にとって自己の都合の良い償却方法が選択される可能性がある。

他方，アメリカにおいては，所有者持分から控除する方法，資産計上し償却する方法，資産計上し償却しない方法の三つが考えられていたが，償却期間40年，さらに原則定額法を用いて償却する方法を採用していた。しかし，2001年発表のSFAS142では，のれんを償却することは禁止されると共に，減損処理しなければならないことを規定した。この改正の背景には，アメリカ実務界からのれんを償却することに対する反発を受けた経緯がある。

これらの状況を踏まえ，日本における論点整理では，償却方法について即時償却する方法，規則的に期間配分して償却する方法，償却はせず減損処理する方法の三つが検討されている。しかしながら，これらの方法はそれぞれにおいて短所を有している。即時償却する方法における短所とは，のれんを構成する要素である超過収益力が時間とともに減少するのであれば，のれんによって生み出される利益と対応しないことになることである。規則的に期間配分して償却する方法における短所とは，のれんの存続期間を正確に見積もることが可能なのかということであり，設けた存続期間にわたってのれんの超過収益力が続くとは限らないことである。さらに，のれんを構成する要素である超過収益力を維持するために企業が宣伝費および広告費等の追加的努力は，費用の二重計上となってしまうことである。アメリカにおいて採用

されている．償却せずに減損処理する方法における短所とは，償却しないことから企業の追加的努力をおこなうことによって自己創設のれんを認めることになることである．さらに，経済状況の良好時においては減損損失が認識される可能性は低いため，企業の財務に対する影響は可能性は低い．しかし，経済状況の後退時においては，状況によって即時償却する方法と同様になる可能性があるということである．

このように，論点整理で検討されているそれぞれの償却方法を採用しようとも，それぞれに短所を有している．そのため，のれんに対する会計処理，すなわちその償却方法は今だ未解決の問題である．なお，2003年8月に企業会計審議会から発表された公開草案である「企業結合に係る会計基準の設定に関する意見書」では，20年以内の規則的償却する方法が合理的であるとしている[4]。

3. アメリカにおける処理方法について

アメリカにおけるのれんに係る会計基準は，1944年に発表されたARBの第24号（以下ARB24と略称）がある．その後1953年にARBの第43号（以下ARB43と略称）が発表され，1970年にAPB17が発表された．さらに，2001年にこのAPB17に取って代わるSFAS142が発表されたのである．

3.1　ARB24およびAEB43におけるのれんの会計処理

ARB24ではのれんの定義について次のとおり述べている．

　　無形資産は以下の二つに分類される．タイプAの無形資産とは，存続期間が法律，規則，契約その他の無形資産の性質によって存続期間が判るもの（例えば，確定した存続期間をもつ特許権，著作権，リース，ライセンス，フランチャイズ，及び限定期間の証拠があるようなのれん）である．タイプBの無形資産とは，存続期間が限定されていないもの，及び取得時に限定期間の明示がないもの（例えば，のれん一般，商号，寄付者リスト，永久フランチャイズ，創業コスト）である[5]。

ARB43ではのれんの定義について次のとおり述べている．

ここで考慮する無形資産は，大きく以下のように分類される。a．法律，規則，契約その他の無形資産の性質によって存続期間が限られているもの（例えば，特許権，著作権，リース，ライセンス，フランチャイズ，及び限定期間の証拠があるようなのれん）b．存続期間が限定されていないもの，及び取得時に限定期間の指示がないもの（例えば，のれん一般，ゴーイングバリュー（going value），トレードネーム，工程の秘密，寄付者リスト，永久フランチャイズ，創業コスト）[6]

このことから ARB24 および ARB43 におけるのれんに対する定義は同じであることがわかる。そして本節で問題にしているのは，存続期間が限定されていないのれんについてである。

では，ARB24 が発表されるまで，のれんに対してどのような会計処理がおこなわれていたかを考察していくことにする。

1944年に ARB24 が発表されるまでの，のれんに対する会計処理は次の三つがあった[7]。第一点の会計処理方法は，のれんを所有者持分から控除するというものである。第二点の会計処理方法は，のれんを資産計上し償却するというものである。第三点の会計処理方法は，のれんを資産計上するが償却はおこなわないというものである。

ARB24では，このれんに対する三つの会計処理は認められていたが，ARB43では第一点の会計処理方法であるのれんを所有者持分から控除する方法は禁止されている[8]。

しかしながら，この所有者持分から控除するという方法は，持分プーリング法を企業が濫用する原因の一つである，パーチェス法を企業結合の会計処理に用いた場合，報告利益が減少してしまうために企業結合がおこなわれた際に持分プーリング法を適用するという動機を抑制できる方法ではないかと思われる。つまりのれんの償却額を損益計算書に計上せず，資本の部から控除することによって，企業が敬遠する期間損益の減少に影響を与えないということは，持分プーリング法を適用しようとする抑止力になると考えられる。しかしながら繰り返しになるが，ARB43においてはこの所有者持分からの控除という方法は禁止されたのである。

ARB43が発表された後，約20年後に発表されたAPB17では，どのような

のれんに対する会計処理が規定されているのかついて次節で考察していくことにする。

3.2　APB17におけるのれんの会計処理

1970年に発表されたAPB17についてみていくことにする。
まず，無形資産の定義は次のとおり述べている。

> 企業は無形資産を他から取得したり自ら開発したりする。多くの種類の無形資産は識別可能であり，そしてその性格をよく表わす名前が与えられる，例えば特許権，フランチャイズ，商標権等である。他のタイプの無形資産は識別可能でない。識別可能な資産と識別不可能な資産は，ともに企業内で開発されるかもしれない。識別可能な無形資産は単独で取得されるか又は一群の資産の一部あるいは企業全体の一部として取得されるが，しかし識別不能な資産は単独で取得されることはない。企業取得の対価のうち識別可能な純資産額を超える部分（一般にのれんと呼ばれる）は最も一般的な識別不能無形資産である[9]。

ここでは無形資産を識別可能であるかまたは識別不能であるかに分類し，のれんは識別不能な代表例として扱われている。

APB17ではのれんの会計処理方法に対して次の四つの会計処理方法について検討している。第一の会計処理方法は，価値が減少しない限り償却はしないという方法である。第二の会計処理方法は，のれんを資産計上し任意の期間で償却をおこなうという方法である。第三の会計処理方法は，のれんを資産計上するが，任意の期間または見積もり存続年数において償却するという方法である。第四の会計処理方法は，のれんを取得時に所有者持分から控除するという方法である。

以上の四つの会計処理方法が検討されたが，APB17において採用されたのは，のれんを資産計上し，便益が得られると考えられる期間の利益に対して規則的に賦課することにより償却されるべきであるという考え方である。

この考え方の根拠となる部分が次のとおり述べられている。

> 存続年数の確固たる証拠又は価値が減少したという証拠がないにもかかわらず，任意の基準でのれん及び類似の無形資産の原価を償却するこ

とは，経費及び資産の減少を早まって認識していることになるかもしれない，しかし価値喪失が明らかとなるまで償却を遅らせるならば，認識が事実の発生後になるかもしれない[10]。

このジレンマに対処する方法は，償却期間の最短，最長を設定することである。この方法は，ほとんど無期限に存続するかのようにみえる無形資産もあるが，永久に存続するものは，もしあったとしても，極めて少ないという見方に基づいている。存続年数が不確定なのれんその他の無形資産は，その価値が将来消失することはほとんど避けられないのであるから，一定の期間に割当てる必要がある。価値が消失する時点は不確かなので，有用な存続年数の終末は，任意に又はある時点とするか，又はある範囲の時点とせざるを得ない[11]。

そこでAPB17は，償却期間の最大年限を40年と定めたのである。以上をまとめると，企業結合の際にパーチェス法を用いて会計処理した場合に生じるのれんは，資産計上し，最大年限40年で償却しなければならない。なお償却方法についてであるが，原則として定額法を用いて償却しなければならないとしている。ただし他の償却方法がより適切であるという証拠がある場合に限り，定額法以外の償却方法を適用することが認められる。

以上がAPB17におけるのれんに対する会計処理である。APB17は約30年間，無形資産およびのれんに対する会計基準として存在するのであるが，2001年に発表されたSFAS142に取って代わられることになる。次節では，このAPB17に取って代わったSFAS142について考察していくことにする。

3.3 SFAS142におけるのれんの会計処理

SFAS141において持分プーリング法が禁止されたことによって，企業結合に係る会計処理はパーチェス法のみの適用となったことから，のれんに対する会計基準が重要な項目になる。

さらに財務諸表の分析および利用者は，会社経営者と同様に，無形資産は多くの会社の重要な経済的資源として，ますます増加の傾向にある。更に，多くの買収取引で取得される資産の割合も増加の傾向にある。その結果，無形資産に関するより良い情報が必要となった[12]。

そこで本節では2001年6月に発表されたSFAS142においてのれんがどのように会計処理されるのかについて考察していく。

まず，発表に至るまでの経緯としてFASBは1999年6月に発表した公開草案がある。その公開草案で次の規定がされていた。

> 本報告書はのれんに対する償却期間最大40年間を20年間に縮める[13]。

上記の規定は，償却期間を短くすることにより期間利益の減少を招くことから産業界から猛反発を受けた。そこでFASBは2001年2月に改正公開草案を発表した。

改正公開草案は211通のコメントレターを受け，その後2001年6月にSAFS142の発表に至ったのである。

まず，SFAS142の内容についてみていく前に，1999年6月に発表された公開草案では，のれんおよび無形資産に対してどのような償却方法を要求していたかについてみていく。

1999年6月発表の公開草案のパラグラフ76では，フローチャートを使いのれんおよび無形資産に対する償却期間を提供している。そこでは識別不可能で確実に測定できない無形資産はのれんとして認識され，20年間で償却されなければならないとしている。APB17においては40年間で償却であったものが償却期間が半分になったのである。繰り返しになるがこの規定が，産業界の反発を受け，改正されSFAS142の発表に至ったのである。

それではSFAS142では，のれんの会計処理に対してどのような規定がされているのかについてみていくことにする。

のれんの定義については次のとおりである。

> 取得した資産及び負担した負債に割当てる正味金額を超過する被取得企業の原価の超過額[14]。

のれんに対する会計処理方法は次のとおり述べられている。

> のれんは償却されてはならない。のれんは報告単位と呼ばれる報告の単位において減損テストされるべきである[15]。

1999年6月に発表された公開草案では，のれんの償却期間は20年を最長に償却されなければならないと規定して産業界の猛反発を受けた結果，SFAS142では，のれんに対する償却はおこなわず，減損テストされること

になったのである。

　次に，減損テストとはなにかということについてみていくことにする。減損テストの意義については，G4＋1[16]が1997年に発表した「固定資産の回収可能価額を特定する会計基準の国際的調査」において以下のとおり示している。

　　　回収可能テスト（あるときには資産の減損テスト）は，単独で，若しくは他の資産と結合して創出が期待される正味キャッシュ・インフローにより，資産の繰延価額が回収可能であるかどうかをテストするものである。その目的は，資産が創出されることを期待される将来の経済的便益以上の価額で繰越されないことを認識し，定期的に将来の経済的便益から生じる損失（減損）を認識することである[17]。

減損テスト，すなわち減損会計とは評価損のみを認識する点では，従来から存在する棚卸資産に対する会計処理方法である低価法と共通するが，しかしながら減損会計は複数の固定資産から構成される資産グループを対象にし，将来キャッシュ・フローを見積もる必要があるという点で低価法とは異なる会計処理方法である[18]。

　次にSFAS142では，のれんに対して減損テストする際には二つの段階を踏まなければならないとしている。そのそれぞれの段階についてみていくことにする。

　第一段階は次のとおりおこなわなければならない。

　　　のれんの減損テストの第一段階は，潜在的な減損を識別するために用いられる，のれんを含むその公正価値と報告単位の公正価値を比較する。パラグラフ23—25における指針は，報告単位の公正価値の決定に用いられなければならない。もし報告単位の公正価値がその簿価を超過するのであれば，報告単位ののれんは減損していないと考慮されなければならない，そうであれば減損テストの第二段階は不要である。もし報告単位の簿価がその公正価値を超過するのであれば，のれんの減損テストの第二段階はのれんの減損損失の金額を測定するために実行されなければならない[19]。

　ここでいう報告単位とは，のれんが減損テストされる報告のレベルであ

り,営業部門または営業部門の1レベル下のことである。なお,SFAS142で使用されている報告単位という用語は,減損に係る会計基準を規定している財務会計基準に関するステートメントの第121号『固定資産及び償却固定資産の減損のための会計処理』(Statement of Financial Accounting Standards No. 121, *Accounting for the Impairment of Long-Lived Assets and for Long-Lived Assets to Be Disposed Of*: 以下 SFAS121と略称)で使用されている報告単位とは相違している。

SFAS142は,公正価値を決定するための二つの指針をパラグラフ23—25が規定している。

第一の規定は,もし利用可能であるのであれば,活動的な市場における市場価格は公正価値の最良の証拠であるというものである。第二の規定は,もし市場価格が利用可能でないのであれば,公正価値の見積りは他の評価技術に基づいたものが最良の証拠であるという規定である。

次にのれんの減損テストの第二段階は以下のとおりおこなわなければならない。

> のれんの減損テストの第二段階は,減損損失の金額の測定のために用いられなければならない,のれんの簿価と報告単位ののれんの潜在公正価値を比較する。もし報告単位ののれんの簿価が潜在公正価値を超過するのであれば,減損損失は超過額と同額の金額で認識されなければならない。認識された損失はのれんの簿価を超過することはできない。のれんの減損損失が認識された後に,のれんの調整簿価は新しい会計の基礎となる。一度損失の測定が完了されると,以前に認識されたのれんの減損損失のその後の改正は禁止されている[20]。

第二段階では,減損損失が認識されるとのれんの価値は同額で減額され,一度減損されたのれんは,のれんの価値が減損される前の状態まで戻ったとしても,その減損額を繰り戻すことを禁止している。これはSFAS121における規定と同様である[21]。

では,減損損失を認識するための二つの段階をいつ実施するのかについては次のとおり述べている。

> 報告単位ののれんは毎期を基礎として減損テストされなければならな

い，及び確かな状況においては毎期のテストの間に減損テストされなければならない（パラグラフ28と関係する）[22]。

　上記の内容からのれんの減損テストは毎期おこなわなければならないが，報告単位の公正価値がその簿価を下回る可能性が高い事象が生じる又は状況が変化した場合には，そのつど減損テストが実行されなければならないとしている。報告単位の公正価値がその簿価を下回る可能性が高い事象又は状況については，七つの例を上げている。まず，第一の例は，法的要因又はビジネスの状況において重大で不利な変更があった場合。第二の例は，規制する者によって不利な活動又は評価が行なわれた場合。第三の例は，予期しない競争が起こった場合。第四の例は，企業にとって重要な人材を喪失した場合。第五の例は，報告単位又は報告単位の大きな部分が売却される又は他の方法で処分されるという可能性が高い場合。第六の例は，SFAS121のもとで報告単位の中における資産グループの減損が認識された場合。第七の例は，子会社の財務諸表におけるのれんの減損損失が認識された場合。

　以上のような事象又は状況が一つでも起こるのであれば，減損テストは毎期定期的に減損テストを行なうのではなくそのつど実行されなければならないのである。

　以上，のれんの減損テストをおこなうための二つの段階をまとめると，第一段階は，のれんの償却をおこなわない代わりに，原則として毎期（報告単位の公正価値を同報告単位の簿価以下に減少させる可能性の高い事象及び状況が発生した場合には期間のそのつど）のれんの検討単位である報告単位の簿価と公正価値を比較し，簿価が上回る場合は，のれんの減損を認識する。第二段階は，のれんの減損が認識された場合，のれんの公正価値を企業結合の際にのれんを測定した同じ方法（報告単位の公正価値から同報告単位の資産負債の評価額を控除した額）により決定し，のれんの簿価がのれんの公正価値を上回る部分を減損損失とする。但し，減損損失の戻入は禁止されている。

　これらがSFAS142におけるのれんに対する会計処理方法である。

　アメリカにおいてのれんの会計処理方法には，SFAS142発表以前は三つの会計処理方法が考えられていたことがわかった。第一の方法が，のれんを所有者持分から控除する方法。第二の方法が，資産計上し非償却とする方

法。第三の方法が，のれんを資産計上し償却する方法である。以上の三つの会計処理方法が考えられていたが，FASBが採用してきた会計処理方法は，第三の会計処理方法である，のれんを資産計上し償却する方法であった。その根拠についてはAPB17において述べられていた。しかし償却期間を最大で40年という期間についての理論的根拠は明記されておらず，40年という期間を設けた動機としては次のようなことが考えられる。のれんの償却期間を40年の長期としたのは，各年度の償却額によって期間利益に大きな影響を与えないようするためである[23]。

しかし発表されたSFAS142では，のれんは償却せず，減損テストをおこない，減損損失が認識された場合に，のれんの価値を減少させるという規定になった。しかしながら，このような会計基準の変更による償却廃止は，企業側では1株当たりの利益の増加に反映されると期待できる。その反面，企業業績の悪化に伴うのれん価値の減損は，従来の均等償却に代え，一時償却に陥る危険性もある[24]。

以上がアメリカにおけるのれんに対する規定である。日本では期間償却をする方法を提案しているが，アメリカでは償却をせず減損処理をするという新しい方法を採用したことがわかった。しかしながら，日本およびアメリカにおけるのれんに対する規定をみてきたが，ブランドそのものの価値を評価する規定ではないことがわかる。そこで，次節では日本において考えられているブランドを金額で評価し，財務諸表に計上することを可能とするブランドの価値評価の方法についてみていくことにする。

4. ブランド価値評価

ブランドの価値を金額で客観的に評価するための方法を構築することに対する意義は何であろうか。

ブランドの価値を金額で表すことによる企業内部の視点からみた必要性として，企業経営における無形資産であるブランドの重要性の高まり，加えてブランドの価値を金額で評価することによりブランドに対して投資した費用対効果を知ることができるといったことが考えられる。例えば，ブランドを

金額で評価しなければ,宣伝広告費にどれほどの金額を投資したとしてもそれがブランドの維持・強化につながったということを定量的に知ることはできない。

　他方,ブランドの価値を金額で表すことによる企業外部の視点からみた必要性として,インベスター・リレーションズ（Investor Relations：以下 IR）の重要性といったことが考えられる。IR とは,企業が株主や投資家に対し,投資判断に必要な情報を適時,公平,継続して提供する活動の全般を指す言葉である。企業が積極的に IR をおこなうことを IR 活動と呼ぶ。

　IR 活動の重要性が高まっている背景として,市場の時代の到来,外国人投資家および個人投資家の増加,企業価値増大を求める経営などが考えられる。

　市場の時代の到来とは,1997年の金融危機を乗り切るために,経済は官による規制型経済から市場型経済へとシフトし,それにより企業の資金調達のあり方が間接金融から直接金融へと移行したことを指す[25]。

　外国人投資家の増加とは,金融・資本市場の自由化・グローバル化によって日本市場への参入が拡大していることが考えら,個人投資家の増加の背景としてはインターネットを通じての取引の便利性の向上が考えられる[26]。

　企業価値増大とは,会計制度の大幅な見直しにより,連結,時価,キャッシュフローが重視され,株主と投資家の価値を拡大し,企業価値を拡大する経営が求められていることである[27]。

　IR 活動が企業経営において重要性が増すなか,企業が所有するブランドを金額で評価し投資家に対して積極的に情報を提供していくことは,投資家にとっても非常に重要な情報であり,評価されるものであると考えられる。しかしながら,IR において公表される情報とは,制度で定められているわけではなく,また企業間で統一されているわけではない。そうであると,ブランドを金額で評価する方法も統一されたモデルではなくさまざまな方法が使用されることが考えられる。そのようなもとで発表された情報とは有意義なものなのであろうか。ブランドを金額で評価する方法を統一し,企業間比較を可能にしてこそ有意義な情報となるのではないであろうか。

　以上,これらのようなことからブランドを金額で評価する方法を構築する

第8章 ブランド評価

方法が求められると考えられる。

そこで，経済産業省産業政策局長の諮問機関である企業法制研究会（「ブランド価値評価研究会」）は2002年6月24日に，12回の研究会，30回のワーキング・グループ研究会，7回の臨時ワーキング・グループ研究会および3回の検討会での議論の結果，ブランド価値評価研究会報告書を発表した[28]。

なお，ブランド価値評価研究会（以下，研究会）が設置された背景としては，産業政策上の背景，企業会計上の背景，ブランド使用料実務と税務上の背景といった3つの背景を指摘されている[29]。

研究会はブランドをコーポレートブランドとプロダクトブランドという2つに分類している。コーポレートブランドとは前章において述べた企業ブランドにあてはまるであろう。他方，プロダクトブランドとは個別ブランドにあてはまるであろう。研究会がブランドの価値を金額で評価する方法においては全てのコーポレートブランド，全てのプロダクトブランドおよびコーポレートブランド・プロダクトブランド間のシナジーなどの価値を金額で評価することを目的としている[30]。

ブランドの価値を金額で評価する方法として，独立評価アプローチのうちインカムアプローチを用いている[31]。インカムアプローチとは，ブランドがもたらす超過収益又は将来のキャッシュフローの割引現在価値をもってブランド価値評価額とする考え方である[32]。

ブランドの価値を金額で評価する方法として，表8-1で示した式が紹介されている。

表8-1　ブランド価値の求め方

ブランド価値（BV）＝（PL, LD, ED, r）
　　　　　　PD：プレステージドライバー
　　　　　　LD：ロイヤルティドライバー
　　　　　　ED：エクスパンションドライバー
　　　　　　r：割引率

出典：経済産業省『ブランド価値評価研究会報告書』
　　　http://www.meti.go.jp/report/downloadfiles/g20624b01j.pdf，46頁。

表8-1からもわかるとおり，ブランド価値とはプレステージドライバー，ロイヤルティドライバー，エクスパンションドライバーといった3つのドラ

イバーから構成されていることがわかる。プレステージドライバーの部分が金額，すなわち貨幣額で計算され，金額でない部分，すなわち非貨幣額の数値であるロイヤルティドライバーとエクスパンションドライバーの2つが乗じられ貨幣額としてブランド価値を求めることができるという構造になっている[33]。これをまとめたものが図8-1である。

```
           ┌─────────────────┐
           │ プレステージドライバー │
           │   価格の優位性     │
           └─────────────────┘
             ╱              ╲
┌─────────────────┐    ┌─────────────────┐
│ ロイヤルティドライバー │    │ エクスパンションドライバー │
│    反復購入性     │    │    ブランド拡張力    │
└─────────────────┘    └─────────────────┘
              ↓
       ┌────────────────────┐
       │ ブランドの価値を金額で評価 │
       └────────────────────┘
```

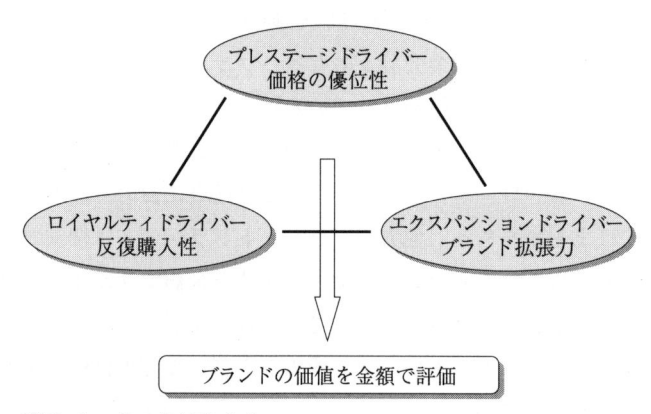

図8-1　3つのドライバー
出典：広瀬義州・吉見宏『日本発ブランド価値評価モデル』税務経理協会，2003年，72頁を基に作成。

プレステージドライバーとは，企業経営においてブランドを所有していることにより他の企業と比べて価格競争に巻き込まれず安定した価格で取引が可能であるといった価格での優位性を表している。プレステージドライバーを求めるには表8-2で示した式で算定される。

ロイヤルティドライバーとは，前章においてもみたように消費者にブランドロイヤルティを抱かせることによりさまざまな効果が得られると述べた。ロイヤルティドライバーとは，そのいくつか存在する効果における反復購入性を表している。ロイヤルティドライバーを求めるには表8-3で示した式で算定される。

エクスパンションドライバー，エクスパンション（expansion）とは拡張するという意味である。すなわち，エクスパンションドライバーとはブランドの拡張力を表している。ここでいうブランド拡張力とは，前章においてみたブランド連想からなるブランド拡張性と同様の内容であると考えることがで

表8-2　プレステージドライバーの求め方

$$PD = \frac{1}{5}\sum_{i=-4}^{0}\left\{\left(\frac{S_i}{C_i} - \frac{S_i^*}{C_i^*}\right) \times \frac{A_i}{OE_i}\right\} \times C_0$$

S：当社売上高　　　S^*：基準企業売上高
C：当社売上原価　　C^*：基準企業売上原価
A：広告宣伝費　　　OE：営業費用

プレステージドライバー＝超過利益率×ブランド起因率×当社売上原価
　　　　　　　　　　＝［｛(当社売上高／当社売上原価－基準企業売上高／基準企業売上原価)×当社広告宣伝費比率｝の過去5期平均］×当社売上原価

出典：経済産業省『ブランド価値評価研究会報告書』
　　　http://www.meti.go.jp/report/downloadfiles/g20624b01j.pdf，49頁。

表8-3　ロイヤルティドライバーの求め方

$$LD = \frac{\mu_c - \sigma_c}{\mu_c}$$

μ_c：売上原価5期平均
σ_c：売上原価標準偏差

ロイヤルティドライバー＝(売上原価μ－売上原価σ)／売上原価μ

出典：経済産業省『ブランド価値評価研究会報告書』
　　　http://www.meti.go.jp/report/downloadfiles/g20624b01j.pdf，51頁。

きる。エクスパンションドライバーを求めるには表8-4で示した式で算定される。

　以上，3つのドライバーの算定式を表8-1のブランド価値を求める式に代入しまとめると表8-5のとおり表される。

　研究会が発表したこれらのブランドに対して評価するための方法は，従来マーケティングでおこなわれてきたブランドに対する評価方法とは全く異なるものである。従来マーケティングからのブランドに対する評価アプローチでは消費者が抱くイメージ等といった定性要因を用いたものであった。今回，研究会が発表したこれらの方法は主観的になりがちな定性要因を除き，公表された財務データのみ，すなわち定量要因のみでブランドに対する価値評価を金額で表しているのである。ただし，研究会が発表したブランドの価

表8-4　エクスパンションドライバーの求め方

$$ED = \frac{1}{2}\left\{\frac{1}{2}\sum_{i=-1}^{0}\left(\frac{SO_i - SO_{i-1}}{SO_{i-1}} + 1\right) + \frac{1}{2}\sum_{i=-1}^{0}\left(\frac{SX_i - SX_{i-1}}{SX_{i-1}} + 1\right)\right\}$$

　　SO：海外売上高
　　SX：非本業セグメント売上高

エクスパンションドライバー＝海外売上高成長率及び本業以外のセグメント売上高成長率の平均
　　＊それぞれの指標において，最低値を1とする。

出典：経済産業省『ブランド価値評価研究会報告書』
　　　http://www.meti.go.jp/report/downloadfiles/g20624b01j.pdf，54頁。

表8-5　ブランド価値の求め方・まとめ

$$BV = (PL, LD, ED, r)$$
$$= \frac{PD}{r} \times LD \times ED$$
$$= \frac{\left[\frac{1}{5}\sum_{i=-4}^{0}\left\{\left(\frac{S_i}{C_i} - \frac{S_i^*}{C_i^*}\right) \times \frac{A_i}{OE_i}\right\} \times C_0\right]}{r} \times \frac{\mu_c - \sigma_c}{\mu_c}$$
$$\times \frac{1}{2}\left\{\frac{1}{2}\sum_{i=-1}^{0}\left(\frac{SO_i - SO_{i-1}}{SO_{i-1}} + 1\right) + \frac{1}{2}\sum_{i=-1}^{0}\left(\frac{SX_i - SX_{i-1}}{SX_{i-1}} + 1\right)\right\}$$

S	：当社売上高	S^*	：基準企業売上高
C	：当社売上原価	C^*	：基準企業売上原価
A	：広告宣伝費	OE	：営業費用
μ_c	：売上原価5期平均	σ_c	：売上原価標準偏差
SO	：海外売上高	SX	：非本業セグメント売上高
r	：割引率		

出典：経済産業省『ブランド価値評価研究会報告書』
　　　http://www.meti.go.jp/report/downloadfiles/g20624b01j.pdf，54頁を基に作成。

値を評価する方法は制度化されているわけではなく，利用者が公表された財務データを加工しなければならない。しかしながら，研究会が発表したブランドの価値評価の方法は客観的にブランドの価値を金額で評価することにより企業内部および企業外部の者にとって非常に有益なものであると考えられる。

【注】

1) 広瀬義州・吉見宏『日本発ブランド価値評価モデル』税務経理協会, 2003年, 28頁参照。
2) 田中敏行『ブランド資産入門』多賀出版, 2000年, 29-30頁参照。
3) 金融庁『企業結合に係る会計処理基準に関する論点整理』
   http://www.fsa.go.jp/singi/singi_kigyou/tosin/f-200110706-3.pdf, 2001年, 19頁。
4) 金融庁『企業結合に係る会計基準の設定に関する意見書』
   http://www.fsa.go.jp/news/newsj/15/singi/f-20030801-4/02.pdf, 2003年, 14-15頁参照。
5) American Institute of Accountants, Accounting Research Bulletins No. 24, *Accounting for Intangible Assets*, AIA, December 1944, par. 1. なお, 原文入手不可能のため訳は米国財務会計基準(合併・分割)研究委員会『合併会計をめぐる米国財務会計基準の動向』企業財務制度研究会, 1996年によった。
6) American Institute of Accountants, Accounting Research Bulletins No. 43, *Restatement and Revision of Accounting Research Bulletin*, AIA, June 1953, par. 2.
7) 黒川行治『合併会計選択論』中央経済社, 2000年, 159頁。
8) AIA, *op. cit.*, par. 9.
9) Accounting Principle Board, Accounting Principle Board Opinions No. 17, *Intangible Assets*, APB, August 1970, par. 1.
10) *Ibid.*, par. 22.
11) *Ibid.*, par. 23.
12) 平島鹿蔵『企業結合に関するFASB会計基準の改正』日本会計研究学会全国第60回大会説明資料, 2001年9月21日, 4頁。
13) Financial Accounting Standard Board, Exposure Draft Proposed Statement of Financial Accounting Standards, *Business Combinations and Intangible Assets*, FASB, September 1999, par. 5.
14) Financial Accounting Standard Board, Statement of Financial Accounting Standards No. 142, *Goodwill and Other Intangible Assets*, FASB, June 2001, par. F1.
15) *Ibid.*, par. 18.
16) G4+1とは, オーストラリア・カナダ・ニュージーランド・イギリス・アメリカの5カ国の会計基準設定主体とIASBから構成される。
17) 梅原秀継『減損会計と公正価値会計』中央経済社, 2001年, 34頁。
18) 同上書, 1頁。
19) Financial Accounting Standard Board, *op. cit.*, par. 19.
20) *Ibit.*, par. 20.
21) 梅原秀継『減損会計と公正価値会計』中央経済社, 2001年, 47頁参照。
22) Financial Accounting Standard Board, *op. cit.*, par. 26.
23) 武田安弘『企業結合会計の研究』白桃書房, 1982年, 232頁。

24) 平島鹿蔵「企業結合に関する FASB 会計基準の改正」前掲，2頁参照。
25) 藤江俊彦『価値創造の IR 戦略』ダイヤモンド社，2000年，2頁参照。
26) 同上書，2-3頁参照。
27) 同上書，3頁。
28) 経済産業省『ブランド価値評価研究会報告書』
   http://www.meti.go.jp/report/downloadfiles/g20624b01j.pdf，2002年，78-83頁参照。
29) 知的財産総合研究所編『「ブランド」の考え方』中央経済社，2003年，81頁参照。
30) 同上書，52頁参照。
31) 経済産業省『ブランド価値評価研究会報告書』前掲書，38頁参照。
32) 同上書，38頁。
33) 広瀬義州・吉見宏『日本発ブランド価値評価モデル』税務経理協会，2003年，71頁参照。

参考文献

青木幸弘「店舗内購買行動研究の現状と課題(1)」『商学論究』Vol. 32, No. 4, 1985年, 117-146頁。

青木幸弘「店舗内購買行動研究の現状と課題(2)」『商学論究』Vol. 33, No. 1, 1985年, 163-179頁。

青木幸弘「消費者関与概念の尺度化と測定─特に、低関与型尺度開発の問題を中心として─」『商学論究』Vol. 38, No. 2, 1990年, 129-156頁。

青木幸弘「マーケティングにおけるデータ解析技法の新展開」『商学論究』, Vol. 39, No. 2, 1991年, 21-44頁。

青木幸弘・電通ブランドプロジェクトチーム『ブランドビルディングの時代─事例に学ぶブランド構築の知恵─』電通, 1999年。

青木幸弘・岸志津江・田中洋編『ブランド構築と広告戦略』日経広告研究所, 2000年。

青木幸弘「消費者行動研究とブランド・マネジメント─ブランド研究の過去・現在・未来─」『マーケティングジャーナル』第21巻第1号, 2001年, 2001年, 47-51頁。

アーカー, D. A. 著, 陶山計介・中田善啓・尾崎久仁博・小林哲訳『ブランド・エクイティ戦略』ダイヤモンド社, 1994年。

アーカー, D. A. 著, 陶山計介・小林哲・梅本春夫・石垣智徳訳『ブランド優位の戦略』ダイヤモンド社, 1997年。

アーカー, D. A.・ヨアヒムスターラー, E. 著, 阿久津聡訳『ブランド・リーダーシップ』ダイヤモンド社, 2000年。

アッカーマン, L. D. 著, 陶山計介・梅本春夫訳『戦略アイデンティティ経営』ダイヤモンド社, 2002年。

阿久津聡・石田茂『ブランド戦略シナリオ─コンテクスト・ブランディング─』ダイヤモンド社, 2002年。

飽戸弘編著『消費行動の社会心理学』福村出版, 1994年。

甘糟りり子『最新明解流行大百科』光文社，1998年。
明田芳久・岡本浩一・奥田秀宇・外山みどり・山口勧『社会心理学』ベーシック現代心理学，1994年。
安藤清志・押見輝男編『自己の社会心理』対人行動学研究シリーズ6，誠信書房，1998年。
池田貞雄・松井敬・富田幸弘・馬場善久『統計学―データから現実をさぐる―』内田老鶴圃，1991年。
石井淳蔵『ブランド―価値の創造―』岩波書店，1999年。
石井淳蔵『マーケティングの神話』日本経済社，1993年。
石井淳蔵・石原武政編『マーケティング・ダイナミズム―生産と欲望の相克―』白桃書房，1996年。
石川実・井上忠司編『生活文化を学ぶ人のために』世界思想社，1998年。
井手幸恵「消費者の行為分析―女性の衣服選択と購買行動の解明に向けて―」神戸大学経営学部，Current Management Issues NO. 9221S，1992年，41頁。
井手幸恵・磯井佳子・風間健「衣服購入時に及ぼす諸要因の効果（第1報）―衣服の使用目的と使用者の意識構造との関係―」『繊維製品消費科学』Vol. 34, No. 9, 1993年，485-491頁。
井手幸恵・磯井佳子・風間健「衣服購入時に及ぼす諸要因の効果（第2報）―業態選択の実態と消費者の意識構造―」『繊維製品消費科学』Vol. 35, No. 6, 1994年，238-332頁。
井手幸恵・磯井佳子・風間衣服購入時に及ぼす諸要因の効果（第3報）―購入実態と連想品目の関係―」『繊維製品消費科学』Vol. 35, No. 11, 1994年，634-641頁。
井手幸恵・磯井佳子・風間健「ブランドが衣服の購買行動に与える諸効果（第1報）―ブランドを念頭に置く購買者の属性―女子大学生とその母親の場合―」『繊維製品消費科学会』Vol. 37, No. 11, 1996年，607-613頁。
井手幸恵「被服の使用目的と購入場所に関する消費者の意識と実態」（博士論文），武庫川女子大学大学院，1996年。
井手幸恵「情報の流れとしてのファッション理論」『ファッション環境』Vol. 5, No. 3, 1996年，11-19頁。
井手幸恵・風間健「ブランドが衣服の購買行動に与える諸効果（第2報）―女子就労者が有名ブランドの鞄を希望する要因―」『繊維製品消費科学会』Vol. 38, No. 5, 1997年，265-270頁。

井手幸恵・風間健「ブランドが衣服の購買行動に与える諸効果（第3報）―Tシャツからみた女子大学生が抱くスポーツブランドのイメージ―」『繊維製品消費科学会』Vol. 38, No. 9, 1997年, 512-518頁。

井手幸恵『ブランドと日本人―被服におけるマーケティングと消費者行動―』白桃書房, 1998年。

Yukie Ide「A Research on The Images of Overseas Brand Bags and The Reasons for Buying Then ― The Case of Japanese Female College Students ―」『京都学園大学経営学部論集』京都学園大学経営学部学会, Vol. 8, No. 3, 1999年, 23-37頁。

伊藤邦雄『コーポレートブランド経営』日本経済新聞社, 2000年。

伊藤元重『日本の物価はなぜ高いのか』NTT出版, 1995年。

伊奈正人『サブカルチャーの社会学』世界思想社, 1999年。

岩本俊彦『マーケティング・ナレッジ』創成社, 2002年。

内田忠夫・西部邁・深谷昌弘訳『フリードマン価格理論』好学社, 1972年。

梅原秀継『減損会計と公正価値会計』中央経済社, 2001年。

鍛島康子『ファッション文化―既製服と現代消費社会を考える―』家政教育社, 1996年。

江田三喜男編『マーケティング入門』実教出版, 1999年。

大木英男・白川滉・田部正孝『マーケティング部』日本能率協会マネジメントセンター, 1999年。

岡嶋隆三編『新しい社会へのマーケティング―マーケティングの基本と展開―』嵯峨野書院, 1996年。

小川孔輔『ブランド戦略の実際』日本経済新聞社, 1997年。

奥野忠一・久米均・芳賀敏郎・吉澤正『改定版　多変量解析法』日科技連, 1989年。

オリバー, T. 編著, 福家成夫訳『ブランド価値評価の実務』ダイヤモンド社, 1993年。

恩蔵直人・亀井昭宏編『ブランド要素の戦略理論』早稲田大学出版部, 2002年。

恩蔵直人「マーケティングの重要性と影響力」『マーケティングジャーナル』第22巻第3号, 2003年, 2-3頁。

風間健「21世紀における消費のかたち」『繊維製品消費科学』Vol. 42, NO. 1, 2001年, 31-35頁。

角田政芳『知的財産権小六法』成文堂, 1997年。

柏木重秋『マーケティング概論』同文舘, 1995年。

片桐正三編『価格設定戦略』ビジネス社，1973年。
片平秀貴『パワーブランドの本質』ダイヤモンド社，1998年。
樺山忠雄『計量マーケティング入門―マーケティング・データの解析―』創成社，1982年。
管恭二監『金融マーケティング戦略』金融財政事情研究会，1999年。
キースラー，C.A.・キースラー，S.B.著，早川昌範訳『現代社会心理学の動向』誠信書房，1978年。
京都大学マーケティング研究会編『マス・マーケティングの発展・革新』同文舘，2001年。
金融庁『企業結合に係る会計処理基準に関する論点整理』http://www.fsa.go.jp/singi/singi_kigyou/tosin/f-200110706-3.pdf，2001年。
金融庁『企業結合に係る会計基準の設定に関する意見書』http://www.fsa.go.jp/news/newsj/15/singi/f-20030801-4/02.pdf，2003年。
久世敏雄・斎藤耕二監修『青年心理学事典』福村出版，2000年。
倉澤資成『入門価格理論　第2版』日本評論社，1988年。
黒川行治『合併会計選択論』中央経済社，2000年。
経済産業省『ブランド価値評価研究会報告書』http://www.meti.go.jp/report/downloadfiles/g20624b01j.pdf，2002年。
ケラー，K.L.著，恩蔵直人・亀井昭宏訳『戦略的ブランド・マネジメント』東急エージェンシー，2000年。
コトラー，P.著，村田昭治監修『マーケティング原理』ダイヤモンド社，1983年。
コトラー，P.著，村田昭治監修『マーケティング・マネジメント』プレジデント社，1996年。
神戸マーケティング編集委員会『1からのマーケティング』碩学舎，2001年。
神山進『衣服と装身の心理学』関西衣生活研究会，1990年。
神山進・牛田聡子・枡田庸「服装に関する暗黙裡のパーソナリティ理論（第1報）―パーソナリティ特性から想起される服装特徴の構造―」『繊維製品消費科学』Vol.28, No.8, 1987年，335-343頁。
神山進『消費者の心理と行動―リスク知覚とマーケティング対応―』中央経済社，1997年。
近藤文男・陶山計介・青木俊昭編『21世紀のマーケティング戦略』ミネルヴァ書房，2001年。
佐藤知恭『顧客満足を超えるマーケティング』日本経済新聞社，1995年。

佐藤潤「日本のスポーツ界を表す6つのキーワード」『宣伝会議』通巻625号，2001年，23頁。
佐伯胖・松原望編『実践としての統計学』東京大学出版会，2000年。
佐々木土師二『旅行者行動の心理学』関西大学出版部，1999年。
佐々木土師二『購買態度の構造分析』関西大学出版部，1988年。
芝祐順『因子分析』東京大学出版会，1979年。
嶋口充輝・竹内弘高・片平秀貴・石井淳蔵編『ブランド構築』有斐閣，1999年。
清水功次『マーケティングのための多変量解析』産能大学出版部，1998年。
清水徹編訳『マラルメ全集Ⅲ　別冊解題・註解』筑摩書房，1998年。
清水徹編訳『マラルメ全集Ⅲ　言語・書物・最新流行』筑摩書房，1998年。
シュミット，B.シモンソン，A.著，河野龍太訳『エスセティクスのマーケティング戦略』プレンティスホール出版，1998年。
末包厚喜「製品とブランド価値―ブランド価値の多重性とそのマネジメント―」『繊維製品消費科学』Vol. 42, No. 1, 2001，13-21頁。
住谷宏「21世紀の新しい小売業態」『TRI-VIEW』東急総合研究所，Vol. 15, No. 1, 2001年，9-15頁。
住谷宏・塚田朋子編著『企業ブランドと製品戦略』中央経済社，2003年。
ダイヤモンド・ハーバード・ビジネス社編集部編『ブランド価値創造のマーケティング』ダイヤモンド社，1998年。
大坊郁夫・奥田秀宇編『親密な対人関係の科学』誠信書房，1996年。
高木修監『被服行動の社会心理学』北大路書房，1999年。
高木修監『被服と化粧の社会心理学』北大路書房，1996年。
高木修監『消費行動の社会心理学』北大路書房，2000年。
高桑郁太郎『ブランド資産価値革命』ダイヤモンド社，1999年。
高橋恭・佐村憲一『一流ブランド品の科学』はまの出版，1997年。
竹内哲編『統計学辞典』東洋経済新報社，1989年。
武田徹『流行人類学クロニクル』，日経BP社，1999年。
武田安弘『企業結合会計の研究』白桃書房，1982年。
竹地祐治『定番の源流』soho出版，1998年。
田中豊・脇本和昌『多変量統計解析法』現代数学社，1990年。
田中敏行『ブランド資産入門』多賀出版，2000年。
田村正紀『マーケティングの知識』日経文庫，1998年。
ダンカン，T.・モリアルティ，S.著，有田勝訳『統合型マーケティング戦略』ダ

イヤモンド社，1999年．

丹後俊郎『統計モデル入門』朝倉書店，2000年．

知的財産総合研究所編『「ブランド」の考え方』中央経済社，2003年．

辻幸恵・風間健「ブランドが衣服の購買行動に与える諸効果（第4報）―Fishbein理論の子ども服ブランド選好への適応―」『繊維製品消費科学会』Vol. 40, No. 6, 1999年，387-398頁．

辻幸恵「流行に敏感である女子大学生の特性とそれに関する要因分析」『京都学園大学経営学部論集』Vol. 9, No. 2, 1999年，89-108頁．

辻幸恵「バレンタインギフトの贈手と受手との意識差」『ファッション環境』Vol. 9, No. 2, 1999年，31-35頁．

辻幸恵「ブランド選択の基準とブランド戦略―女子大学生とその母親たちの調査より―」『TRI-VIEW』Vol. 14, No. 10, 2000年，32-38頁．

辻幸恵「ブランド選択の基準―女子大学生とその母親がブランドの鞄を選択する場合―」『京都学園大学経営学部論集』Vol. 9, No. 3, 2000年，47-72頁．

辻幸恵・風間健「男子大学生の流行に対する知識、態度（第1報）―流行を積極的に取り入れる男子大学生の特徴―」『繊維製品消費科学会』Vol. 41, No. 11, 2000年，895-902頁．

辻幸恵「若者のギフト観と販売促進―女子大学生のクリスマスギフト―」『京都学園大学経営学部論集』Vol. 10, No. 3, 2001年，89-108頁．

辻幸恵・高木修・神山進・阿部久美子・牛田聡子「着装規範に関する研究（第5報）―着装規範の親子間の対応性に及ぼす親子関係の影響―」『繊維製品消費科学会』Vol. 41, No. 11, 2000年，876-883頁．

デイビス，S. M. 著，青木幸弘監訳『ブランド資産価値経営』日本経済新聞社，2002年．

土井秀生『マーケティング・マネジメント』東洋経済新報社，2000年．

徳井淑子編訳『中世衣生活誌―日常風景から想像世界まで―』勁草書房，2000年．

富重健一「青年期における異性不安と異性対人行動の関係―異性に対する親和指向に関する他者比較・経時的比較の役割を中心に―」『社会心理学研究』Vol. 15, No. 3, 2000年，189-199頁．

刀根薫『ゲーム感覚意思決定法』日科技連，1986年．

刀根薫『経営効率性の測定と改善―包絡分析法DEAによる―』日科技連，1993年．

鳥居直隆『ブランド・マーケティング』ダイヤモンド社，1996年．

中島純一『メディアと流行の心理』金子書房，1998年．

長町三生『感性工学―感性をデザインに活かすテクノロジ―』海文堂, 1989年。
中村雄二郎『正念場―不易と流行の間で―』岩波新書608, 1999年。
中田善啓・石橋智徳「消費者態度の進化―流行のメカニズム―」『甲南経営研究』 Vol. 39, No. 5, 1998年, 49-78頁。
中田善啓『マーケティングの進化』同文舘, 1998年。
中田善啓『マーケティング戦略と競争』同文舘, 1992年。
中根千枝『タテ社会の人間関係―単一社会の理論―』講談社現代新書, 1967年。
中村佳子／浦光博「ソーシャル・サポートと信頼との相互関連について―対人関係の継続性の視点から―」『社会心理学研究』Vol. 15, No. 3, 2000年, 151-163頁。
長田雅喜編『対人関係の社会心理学』福村出版, 1996年。
ナップ, D. E. 著, 阪本啓一訳『ブランド・マインドセット』翔泳社, 2000年。
南部鶴彦・辰巳憲一訳　G. J. スティグラー『価格の理論第4版』有斐閣, 1991年。
仁科貞文『広告効果論』電通, 2001年。
日本IBM（株）ナレッジコラボレーション・コンサルティング『図解・100語でわかるナレッジマネジメント』工業調査会, 2000年。
日本衣料管理協会刊行委員会編『マーケティング論』社団法人日本衣料管理協会, 1990年。
日本繊維製品消費科学会『わたしにもできる消費者の情報調査』弘学出版, 2000年。
日本繊維製品消費科学会編『消費者の情報調査』弘学出版, 2000年。
信田和宏『知価時代のブランド戦略』NTT出版, 2002年。
野村昭『社会と文化の心理学』北大路書房, 1994年。
博報堂ブランドコンサルティング『ブランドマーケティング』日本能率協会マネジメントセンター, 2000年。
ハーシュライファー, J. 著, 志田明訳『価格理論とその応用（上）』マグロウヒルブック, 1980年。
ハーシュライファー, J. 著, 志田明訳『価格理論とその応用（下）』マグロウヒルブック, 1981年。
バス, A. H., 著, 大渕憲一訳『対人行動とパーソナリティ』北大路書房, 1991年。
馬場房子『消費者心理学』白桃書房, 1989年。
平島鹿蔵『企業結合に関するFASB会計基準の改正』日本会計研究学会全国第60回大会説明資料, 2001年9月21日。
平林千春『ブランド・マネジメント戦略』実務教育出版, 1998年。

広瀬義州・吉見宏『日本発ブランド価値評価モデル』税務経理協会，2003年。
フィンケルシュタイン，J.著，成実弘至訳『ファッションの文化社会学』せりか書房，1998年。
フェザーストン，M.著，川崎賢一・小川葉子編訳『消費文化とポストモダニズム』恒星社，1999年。
フォンウリクト，G. H. 著，稲田静樹訳『規範と行動の論理学』東海大学出版会，2000年。
ブレアー，M.ウォールマン，S. M. H.著，広瀬義州監訳『ブランド価値評価入門』中央経済社，2002年。
藤井一枝・山口恵子「女子短大生の流行に関する意識と服装の実態―島根と大阪を比較して―」『島根女子短期大学紀要』Vol. 36, 1998年，61-68頁。
藤江俊彦『価値創造の IR 戦略』ダイヤモンド社，2000年。
藤竹暁編『流行／ファッション』至文堂，2000年。
藤村邦博・大久保純一郎・箱井英寿編『青年期以降の発達心理学―自分らしく生き，老いるために―』北大路書房，2000年。
藤村邦博・大久保純一郎・箱井英寿編『発達心理学エッセンス』北大路書房，2000年。
藤本憲一「モバイル（携帯）・ノマド（遊動）・ツーリズム（観光）時代の「中食」―「マクドナルド化社会」における新しい生活美学の予兆―」『ファッション環境』Vol. 9, No. 2, 1999年，21-25頁。
藤本康晴「女子大学生の被服の関心度と自尊感情との関係」『繊維機械学会誌』Vol. 33, No. 10, 1982年，36-40頁。
藤本康晴・宇野保子・中川敦子・福井典代「服装に対する評定の個人による再現性の違いとその評定値への影響」『日本家政学会誌』Vol. 50, No. 10, 1999年，1071-1077頁。
米国財務会計基準（合併・分割）研究委員会『合併会計をめぐる米国財務会計基準の動向』企業財務制度研究会，1996年。
堀けいこ・サライ編集部編『紳士のブランド』小学館，2000年。
堀洋道／山本真理子／松井豊編『人間と社会を測る心理尺度ファイル』垣内出版，1994年。
間々田孝夫『消費社会論』有斐閣，2000年。
水尾順一『化粧品のブランド史―文明開化からグローバルマーケティングへ―』中公新書，1998年。

南知恵子「コミュニケーション・システムとしてのギフト―理論的枠組み―」『六甲台論集』第39巻第2号，1992年，129-141頁。

南知恵子「コミュニケーション・システムとしてのギフト―ヤングへの適用―」『六甲台論集』第39巻第3号，1992年，244-258頁。

南知恵子「儀礼ギフト―象徴交換と経済交換の均衡点―」『消費者行動研究』第2巻第1号，1994年，1-28頁。

南知恵子「消費者行動研究における定性的アプローチの可能性と問題点」『消費者行動研究』第4巻第1号，1996年，1-13頁。

南知恵子「マーケティングと文化変容」『国民経済雑誌』第176巻第1号，1997年，15-29頁。

南知恵子『ギフト・マーケティング』千倉書房，1998年。

三家英治「タイムマーケティングとは」『京都学園大学経済学部論集』第1巻第1号，1991年，1-14頁。

三家英治「日本のビール市場におけるマーケティング戦略」『京都学園大学経済学部論集』第1巻第2号，1991年，1-32頁。

三家英治「ファッションにおけるDCブランドとは何だったのか？」『京都学園大学経営学部論集』第1巻第1号，1991年，45-47頁。

三家英治「日本のコーヒー市場における市場細分化戦略」『京都学園大学経済学部論集』第1巻第1号，1991年，61-85頁。

三家英治「キャッチフレーズの歩み」『京都学園大学経済学部論集』第2巻第1号，1992年，61-76頁。

三家英治「日本の漫画（Ⅱ）」『京都学園大学経営学部論集』Vol.5, No.2, 1995年，129-147頁。

三家英治『図解事典　経営戦略の基礎知識』ダイヤモンド社，1996年。

村田光二・山田一成『社会心理学研究の技法』福村出版，2000年。

八木正夫『不正商品対策―成功への戦略』日本関税協会知的財産情報センター，1997年。

山名邦和『衣生活文化』源流社，1993年。

ラークソネン，P. 著，池尾恭一・青木幸弘監訳『消費者関与―観念と調査―』千倉書房，1998年。

リヒテンシュタイン，P. M. 著，川島章訳『価値と価格の理論』日本経済新聞社，1986年。

レブ，B. 著，広瀬義州・桜井久勝監訳『ブランドの経営と会計』東洋経済新報

社,2002年。

若林靖永『顧客志向のマス・マーケティング』同文舘,2003年。

渡辺澄・川本栄子・中川早苗「服装におけるイメージとデザインとの関連について(第1報)―イメージを構成する主要因とデザインとの関連―」『日本家政学会誌』Vol.42, No.5, 1991年, 459–466頁。

渡辺澄子・川本栄子・上島雅子・中川早苗「服装におけるイメージとデザインとの関連について(第2報)―女らしさの評価基準―」『繊維機械学会誌』Vol.41, No.6, 1998年, 362–367頁。

和田充夫「マーケティング戦略の構築とインヴォルブメント概念」『慶應経営学論集』Vol.5, No.3, 1984年, 1–13頁。

和田充夫『関連性マーケティングの構図―マーケティング・アズ・コミュニケーション―』有斐閣, 1998年。

和田充夫・恩蔵直人・三浦俊彦『マーケティング戦略』有斐閣, 2000年。

和田充夫『ブランド価値共創』同文舘, 2002年。

Agres, Stuart J. / Dubitsky, Tony M. (1996): "Changing needs for brands", *Journal of Advertising Research*, Vol. 36, No. 1, pp. 21–30.

Aaker, David A. / Day, George S. (1980): *Marketing Research : Private and Public Sector Decisions*, John Wiley & Sons, 1980.(石井淳蔵・野中郁次郎訳(1981):『マーケティング・リサーチ―企業と公組織の意思決定―』白桃書房)

Aaker, D. A. (1991): *Managing Brand Equity*, The Free Press.

Accounting Principle Board (1970): *Accounting Principle Board Opinions, No. 17*, "Intangible Assets", APB.

American Institute of Accountants (1953): Accounting Research Bulletins No. 43, "Restatement and Revision of Accounting Research Bulletin", AIA.

Baldinger, Allan L. / Rubinson, Joel (1996): "Brand Loyalty : The Link Between Attitude and Behavior", *Journal of Advertising Research*, Vol. 36, No. 6, pp. 23-34.

Christine Orban (1992): "emanuel ungaro", Thames & Hudson, pp. 1-80.

Christopher Moore / Ruth Murphy (2000): "The strategic exploitation of new market opportunities by British fashion companies", *Journal of Fashion Marketing and Management*, Vol. 4, No. 1, pp. 15-25.

Cook, William A. (1996): "Strive for loyal brands, then loyal consumer", *Journal of Advertising Research*, Vol. 36, No. 6, pp. 6-7.

Dick, Alan / Jain, Arun / Richardson, Paul (1996): "How consumers evaluate store brands", *Journal of Product & Brand Management*, Vol. 5, No. 2, pp. 19-28.

Douglas Bullis (2000) : "fashion Asia", Thames & Hudson.

Financial Accounting Standard Board (1999) : Exposure Draft Proposed Statement of Financial Accounting Standards, "Business Combinations and Intangible Assets", FASB.

Financial Accounting Standard Board (2001) : Statement of Financial Accounting Standards No. 142, "Goodwill and Other Intangible Assets", FASB.

Gupta, Kamal / Stewart, David W. (1996) : "Customer Satisfaction and Customer Behavior : The Differential Role of Brand and Category Expectations", *Marketing Letters*, Vol. 7, No. 3, pp. 249-263.

Kennita Oldham Kind / Jan M. Hathcote (2000) : "Speciality-size college females : Satisfaction with retail outlets and apparel fit.", *Journal of Fashion Marketing and Management*, Vol. 4, No. 4, pp. 315-324.

Ide, Yukie (1998) : "The relative use of distribution channels in the Japanese clothing market", *Journal of Fashion Marketing and Management*, Vol. 2, No. 2, pp. 159-168.

Lydia Kamitsis (1999) : "paco rabanne", Thames & Hudson.

あとがき

　マーケティングとは，顧客満足とは，ブランドとは，それらの本質とは一体何なのであるかという興味が今まで以上に湧き出しています．私のマーケティングとの出会いは大学時代に本書の共著者である辻先生のマーケティング論を受講したことに始まります．講義の中で辻先生がおっしゃられた「マーケティングに答えはない」という言葉を私は大教室の片隅でノートに書き込み，そのノートは今でも大事に持っており，本書を書き終え，その言葉の意味をわずかながら実感しています．まだまだ勉強不足ですが，すこしでもマーケティングの答え・本質に近づくためには，常に満足することなく前に進むことが唯一の方法であるのではないかと思っています．
　これからマーケティングに興味を抱き学んでいこうとする人達や，既にマーケティングを学んでいる人達にとって，本書がすこしでもお役に立てることができれば幸いです．
　最後に，私が今まで出会ったすべての人に心より感謝申し上げます．誰一人として出会いが欠けていれば今の私はなかったと思います．

2004年1月

田中　健一

出所一覧

第 I 部

第1章
辻幸恵・風間健:「男子大学生の流行に対する知識,態度（第1報）―流行を積極的に取り入れる男子大学生の特徴―」繊維製品消費科学, Vol. 41, No. 11, pp. 895-902（2000）

第2章
辻幸恵・風間健:「男子大学生の流行に対する知識,態度（第2報）―流行に関心がある男子大学生の流行に対する期待―」繊維製品消費科学, Vol. 42, No. 11, pp. 775-783（2001）
辻幸恵:「流行に敏感である女子大学生の特性とそれに関する要因分析」京都学園大学経営学部論集, Vol. 9, No. 2, pp. 89-108,（1999）

第3章
辻幸恵・風間健:「男子大学生の流行に対する知識,態度（第3報）―流行に関心がある男子大学生が流行を受け入れる基準―」繊維製品消費科学, Vol. 43, No. 11, pp. 697-706（2002）
辻幸恵:「ブランドの選択の基準―女子大学生とその母親がブランドの鞄を選択する場合―」京都学園大学経営学部論集, Vol. 9, No. 3, pp. 47-72（2000）
辻幸恵:「キャラクター商品に対する購入基準とその魅力の要因分析―女子中学生とその母親の場合―」京都学園大学経営学部論集, Vol. 11, No. 3, pp. 37-63（2002）

第4章
辻幸恵:「流行と価格―女子大学生における化粧品の購入要因―」京都学園大学経営学部論集, Vol. 12, No. 1, pp. 25-50（2002）

第5章
辻幸恵:「流行と心理―流行に関心がある男子大学生の値ごろ感―」繊維機械学会, Vol. 56, No. 11, pp. 697-706（2003）

第Ⅱ部

第6章
田中健一・辻幸恵:「ブランドの選択の基準—女子大学生とその母親がブランドの鞄を選択する場合—」京都学園大学経営学部論集, Vol. 9, No. 3, pp. 47-72（2000）

第7章
田中健一「大学生が抱くブランドイメージ—ブランドイメージからみるブランド構築の問題点」ファッション環境, Vol. 13, No. 2, pp. 47-50（2003）

第8章
田中健一:「日本国におけるのれんに対する会計基準の問題点」日本繊維製品消費科学会, Vol. 44, No. 3, pp. 172-176（2003）

索　引

ア行

アーリーアダプター　124
アイドマ理論　80
安価志向　65-67, 70
意識　33, 81, 88, 101, 127
一次的欲求　79
イノベーター　124
衣服　82
イメージ　5, 7, 19, 50, 75, 77, 78, 84, 88, 95, 103, 121, 131, 133, 136, 139, 140, 142, 143, 161
インカムアプローチ　159
因子　10, 15, 16, 26, 28, 31, 32, 34, 35, 48, 64, 64-67, 84, 87, 88, 110
因子得点　13
因子負荷量　10, 26, 62, 85, 108-112
因子分析　9, 13, 25, 26, 29-32, 34, 35, 48, 60, 64-69, 84, 106, 108, 110, 112, 116, 141
インターネット　11, 13, 75, 85, 158
インベスターリレーションズ　158
受け入れ基準　38, 39
エクスパンションドライバー　159, 160

カ行

価格　46, 51, 53, 59, 66, 78, 114, 116, 123, 128, 160
価格競争耐抗性　127, 128
価格創造　53
価格破壊　53
拡大可能性　127, 128
カテゴリー　9, 21, 24-26, 31, 34-36, 39, 42, 44, 51, 54, 59, 95, 100, 102-104, 106, 108, 115
鞄　3, 5, 37
企業ブランド　136
キャラクター　37, 38, 131
寄与率　15, 16, 48, 108, 110, 112
クラスター分析　32, 33, 35, 64-67, 85
減損テスト　153-157
高関心群　60, 61
広告　85-88, 99, 131, 132, 148
購買意思決定プロセス　81
コーポレートアイデンティティ　95
顧客感動　94-98, 116-118
顧客満足　3, 4, 29, 89, 93-97, 116, 117
5段階評価　59, 141
個別ブランド　136
コミュニケーション　98, 117
固有値　48, 108, 110, 112, 142

サ行

サービス　30, 31, 67, 95, 96, 98, 99, 122, 126-128, 133, 139
再生　131
再認　131
財務データ　162
雑貨　5, 20
サポーター　132
サンプルクラスター分析　32
シーズ　86, 88

恣意性　　145
事業ブランド　　137
社会規範　　87, 88
尺度　　8, 10, 25, 27, 44, 48, 59, 141
主因子法　　9, 25, 60, 84, 106, 108, 141
集合調査法　　5, 21, 23, 42, 105, 140
集団調査法　　7, 58, 75, 82
樹形図　　34
順位法　　107
瞬間失速型　　125
消費者　　19, 29, 78, 80, 93, 95, 96, 121-124, 126-128
情報　　11, 13, 20, 31, 51, 55, 73, 74, 81, 121, 131, 152, 158
情報源　　5, 7, 23, 33, 55
情報収集　　7-9, 21, 23, 34, 36, 38, 39, 41-44, 47, 51, 58, 59, 60, 66-69, 71
情報品　　104, 110, 114, 115
じり貧型　　125
衰退期　　74, 123-126
数量化Ⅱ類　　9, 10, 13, 44, 50
スポーツチーム　　132
成熟期　　74, 123-125
成長期　　74, 123-125
セグメント　　138
説明変数　　9
セリング　　93
潜在客　　96
選択基準　　37, 38, 51, 116
相関比　　10

タ行

ダイエット　　71
多属性態度モデル　　116
多様化現象　　86
短命型　　125
知覚品質　　129, 132-134
着用者　　24
通学時間　　58, 75, 101, 105, 107
通学方法　　58
t検定　　60
低関心群　　58, 60, 61, 70
定番　　17, 37, 50, 74, 75, 77-80, 86-89
データ　　9, 13, 25, 66, 108, 110, 112, 140, 141
適正価格　　53
電話調査法　　5
同調　　68
導入期　　74, 123, 125
得意客　　97
独立評価アプローチ　　159

ナ行

納得価格　　53
ニーズ　　19, 70, 77, 86, 88, 93, 94
二次的欲求　　79
日常生活　　7, 11, 21, 22, 25, 26, 29, 31, 35, 39, 41, 42, 44, 47, 48, 50, 51, 55, 58, 60, 67, 69
日常品　　103, 104, 107, 108, 114-116
認識　　4, 122, 126, 131, 136, 138, 146, 149, 152-156
認知　　37, 122, 123, 126, 129, 131, 135, 138
ネーミング　　136
値ごろ感　　53, 68, 70, 71, 115
値段　　21, 23, 36, 64-66, 100, 106-109, 114, 116, 141
のれん　　145-157

ハ行

パーチェス法　　150, 152
バリマックス　　48, 60, 62
晩成型　　125, 126
反復購入性　　127
判別の中点　　45-47
判別の中率　　10, 45-47
ひいき客　　97
品目　　21-23, 25, 27-30, 32-35, 43, 46, 54,

61, 102, 103
ファッション　5, 7, 10, 20, 35, 48, 75, 77-79, 100, 140-142
ファッションアイテム　38, 108
ファッション尺度　84, 140
ファミリーブランド　137
フィッシュベイン　115
フォロワー　124
ふたコブ成長型　125, 126
ブランド　3-5, 7-9, 11, 16, 20, 21, 23, 25, 28, 31, 32, 34, 35, 37-39, 41-46, 50-55, 57-61, 64, 66-71, 78, 81, 121-124, 126, 128, 129, 131, 133-143, 145, 157-159, 161, 162
ブランドエクイティ　129-134
ブランド拡張　160
ブランド価値評価額　159
ブランド認知　129, 131, 132, 134
ブランド品　103, 104, 107, 108, 112, 115-117
ブランド連想　129, 133, 134
ブランドロイヤリティ　126-131, 134
プレステージドライバー　159, 160

マ行

マーケティング　89, 93-95, 118, 121, 161
見込み客　97
メディア　73
メディアストーリー　99
持分プーリング法　150, 152

ヤ行

有意差　60, 61
優位性　122, 123, 145
郵送法　5
欲求階層説　79

ラ行

流行　3-5, 7-10, 13, 15-17, 20, 21, 27, 28, 31-36, 38, 39, 41, 42, 44, 46-48, 50, 52-56, 58, 59, 66, 68, 69, 70, 73-75, 77, 80, 82, 84-89, 104, 107, 108, 115, 116, 128
累積寄与率　15, 16, 25, 26, 32, 110, 112
レンジ　45-47
連続成長型　125, 126
ロイヤルティドライバー　159, 160

■著者略歴

辻　幸恵（つじ　ゆきえ）
- 1962年　兵庫県神戸市に生まれる
- 1984年　武蔵川女子大学文学部教育学科初等教育専攻卒業
- 1992年　神戸大学大学院経営学研究科商学専攻
  博士前期課程修了　修士（商学）
- 1996年　武蔵川女子大学大学院家政学研究科被服学専攻
  博士後期課程修了　博士（家政学）
- 1998年　京都学園大学経営学部専任講師にて着任
- 2001年　同大学助教授
- 2003年　追手門学院大学経営学部助教授にて着任，現在に至る

著書
『ブランドと日本人―被服におけるマーケティングと消費者行動』白桃書房，1998年
『流行と日本人―若者の購買行動とファッション・マーケティング』白桃書房，2001年
『企業価値評価とブランド』白桃書房，2002年（共著）
『わたしにもできる消費者の情報調査』社団法人日本繊維製品消費科学会（編）弘学出版，2000年（分担執筆）
『マーケティングの新しい視点』岡嶋隆三（編）嵯峨野書院，2003年（分担執筆）

田中　健一（たなか　けんいち）
- 1977年　大阪府大阪市に生まれる
- 2000年　京都学園大学経営学部経営学科卒業
- 2002年　関西大学大学院博士課程前期課程商学研究科会計学専攻修了　修士（商学）
- 現　在　追手門学院大学経営学部非常勤講師

■流行とブランド
―男子大学生の流行分析とブランド視点―　　〈検印省略〉

- ■発行日 ── 2004年3月31日　初版発行
  　　　　　　2004年7月26日　2版発行

- ■著　者 ── 辻　幸恵・田中健一

- ■発行者 ── 大矢栄一郎

- ■発行所 ── 株式会社　白桃書房
  〒101-0021　東京都千代田区外神田5-1-15
  ☎03-3836-4781　℻03-3836-9570　振替00100-4-20192
  http://www.hakutou.co.jp/

- ■印刷・製本 ── 松澤印刷／榎本製本

©Y. Tsuji & K. Tanaka 2004 Printed in Japan　ISBN4-561-65142-X　C3063
Ⓡ〈日本複写権センター委託出版物〉
本書の全部または一部を無断で複写複製（コピー）することは，著作権法上での例外を除き，禁じられています。本書からの複写を希望される場合は，日本複写権センター（03-3401-2382）にご連絡ください。
落丁本・乱丁本はおとりかえいたします。

好 評 書

井手幸恵著
ブランドと日本人
　―被服におけるマーケティングと消費者行動―
本体2300円

辻　幸恵著
流行と日本人
　―若者の購買行動とファッション・マーケティング―
本体2200円

風間　健・辻　幸恵・大津正和・辻　峰男著
企業価値評価とブランド
本体1500円

石井淳蔵・石原武政編著
マーケティング・ダイナミズム
　―生産と欲望の相克―
本体3301円

石井淳蔵・石原武政編著
マーケティング・インタフェイス
　―開発と営業の管理―
本体3800円

石井淳蔵・石原武政編著
マーケティング・ダイアログ
　―意味の場としての市場―
本体3300円

D.A.アーカー・G.S.デイ共著　石井　淳蔵・野中郁次郎訳
マーケティング・リサーチ
　―企業と公組織の意思決定―
本体4960円

栗木　契著
リフレクティブ・フロー
　―マーケティング・コミュニケーション理論の新しい可能性―
本体3300円

豊島　襄著
解釈主義的ブランド論
本体2200円

堀内圭子著
「快楽消費」の追究
本体2600円

―――― 白桃書房 ――――

本広告の価格は本体価格です。別途消費税が加算されます。